D1082325

DOMESTICA TU MENTE

SPAN
158.1
WAX

RUBY WAX

DOMESTICA TU MENTE

Mindfulness para nuestro tiempo

MADISON COUNTY LIBRARY SYSTEM
CANTON PUBLIC LIBRARY
8/15

EDICIONES OBELISCO

Si este libro le ha interesado y desea que le mantengamos informado
de nuestras publicaciones, escríbanos indicándonos qué temas son de su interés
(Astrología, Autoayuda, Ciencias Ocultas, Artes Marciales, Naturismo,
Espiritualidad, Tradición...) y gustosamente le complaceremos.

Puede consultar nuestro catálogo en www.edicionesobelisco.com

Colección Psicología
DOMESTICA TU MENTE
Ruby Wax

1.ª edición: abril de 2015

Título original: *Sane New World*
Traducción: *Varda Fiszbein*
Corrección: *M.ª Jesús Rodríguez*
Diseño de cubierta: *Enrique Iborra*
Ilustraciones: *Serge Seidlitz*

© 2013, Ruby Wax
(Reservados todos los derechos)
Publicado por Hodder & Stoughton,
sello editorial de Hachette UK Company
© 2015, Ediciones Obelisco, S. L.
(Reservados los derechos para la presente edición)

Edita: Ediciones Obelisco, S. L.
Pere IV, 78 (Edif. Pedro IV) 3.ª planta, 5.ª puerta
08005 Barcelona - España
Tel. 93 309 85 25 - Fax 93 309 85 23
E-mail: info@edicionesobelisco.com

ISBN: 978-84-16192-58-8
Depósito Legal: B-8.030-2015

Printed in Spain

Impreso en España en los talleres gráficos de Romanyà/Valls S.A.
Verdaguer, 1 - 08786 Capellades (Barcelona)

Reservados todos los derechos. Ninguna parte de esta publicación, incluido el diseño de la cubierta,
puede ser reproducida, almacenada, trasmitida o utilizada en manera alguna por ningún medio, ya sea
electrónico, químico, mecánico, óptico, de grabación o electrográfico, sin el previo consentimiento
por escrito del editor. Diríjase a CEDRO (Centro Español de Derechos Reprográficos, www.cedro.org) si
necesita fotocopiar o escanear algún fragmento de esta obra.

A Ed, Max, Marina y Maddy

EL COMIENZO

Este libro está dedicado a mi mente que en cierta época estuvo en otra parte, y al resto de la humanidad que quizás en un momento u otro puede haber extraviado la suya. Pese a que yo personalmente he pasado por una montaña rusa de depresión durante la mayor parte de mi vida adulta, este libro no es exclusivamente para los depresivos. Yo soy una de las «una de cada cuatro» personas mentalmente desintegradas; este libro es para los cuatro de cada cuatro. Es para todos, porque todos compartimos el mismo equipamiento: sufrimos, nos reímos, nos enfurecemos, nos quejamos, todos somos vulnerables, tras nuestras duras fachadas, todos somos criaturas frágiles.

En este libro voy a intentar ofrecer una guía aproximada de dónde estamos ahora mismo nosotros (la raza humana) y algunas sugerencias que pueden hacer de nuestro tiempo en la Tierra una experiencia más placentera. No estoy hablando del placer de «todos en el *jacuzzi*», sino del estado casi maravilloso en el que estás cuando el tiempo se detiene, tu cuerpo se siente como en casa y el volumen de las voces críticas desciende en el interior de tu mente. Yo estoy bien familiarizada con esas voces, y algunas personas que conozco identifican a ese dictador que ladra órdenes en sus mentes, manteniéndolas despiertas por la noche con esa torturante grabación del «yo debería haber, yo tendría que», resonando incesantemente.

Muchos de nosotros padecemos por las presiones del mundo actual, lo que nos lleva desde el agotamiento hasta la depresión. Somos esclavos de nuestro atareado mundo con su insaciable impulso hacia el dinero, la fama, más tuits –tú lo mencionas, nosotros lo deseamos–. El problema es que sólo entre los últimos 50 y 100 años, los seres humanos han vivido con demasiada abundancia. Hemos ido de la escasez (cuando probablemente éramos bastante normales y teníamos necesidades que cubrir) a las ilimitadas demandas que tenemos en la actualidad. Se puede decir que el pluriempleo nos ha vuelto locos; como si dejaras demasiadas ventanas abiertas en tu ordenador que, eventualmente, podría estallar. Sencillamente no estamos equipados para el siglo XXI. Es demasiado duro, demasiado veloz, está demasiado lleno de miedo; no tenemos el ancho de banda necesario. La evolución no nos preparó para esto. Ya es bastante difícil mantenerse al día de quién está bombardeando a quién, de modo que no tenemos sitio para comprender nuestros paisajes emocionales; nuestros corazones sangran cuando nos enteramos de que hay una ballena encallada, y al instante siguiente estamos pidiendo la cabeza de alguien que ha robado el último carrito de la compra.

La razón por la que decidí dedicarme a este viaje interior es que quería encontrar algún refugio ante los constantes huracanes de la depresión, que me dejaban extenuada y destrozada. Cada episodio era más largo y más profundo. No quiero culpar a mis padres, pero criar niños no era su especialidad. Si hubieran venido mis amigos, ahí estaría mi madre, colgada de la pantalla, un buitre que hablaba con acento vienés, esperando que alguien dejara caer una miguita. De haberlo hecho, ella hubiera barrido la habitación gritando, «¿Quién trae galletas a una casa?». Todos se hubieran marchado corriendo aterrorizados. Más tarde fue mucho, mucho más oscuro, pero no voy a hablar de ello aquí. La cuestión es que ésta es la clase de antecedente que habitualmente conduce a una carrera como humorista o a una de asesino en serie; yo me decidí por el humor.

De manera que, después de severos colapsos, decidí volver a la universidad para estudiar Psicoterapia y así averiguar exactamente por qué los psicoterapeutas cobran más de 100 euros la hora. Solía dejar a mi locólogo sabiendo exactamente quién era yo, hasta que llegaba a la estación del metro y entonces lo olvidaba de nuevo. Además, y dado que yo no sabía nada sobre Psicología, los terapeutas podían decirme cualquier cosa, y ¿cómo podía yo saber si algo era correcto? Una vez, cuando estaba en el diván, pesqué al locólogo que estaba detrás de mí comiendo un bocadillo de pastrami, y con toda la cara cubierta de mostaza.

De modo que fui a estudiar Psicoterapia. Conseguí un carné de biblioteca y nunca volví a comentar mi vida previa. Pensaba, «vamos a devolverle algo al mundo», (probablemente no lo hice, pero es una buena vía). Me di cuenta de que muchas mujeres como yo escogen estudiar terapia cuando se enfrentan a la fiera cara de la menopausia; las hormonas se agotan y ellas advierten que las posibilidades son escasas y que jamás volverán a tener éxito, de manera que descubren que desean ayudar a otras personas o establecer una residencia para gatos callejeros.

Pocos años más tarde, decidí ir más lejos aún y estudiar lo que realmente me interesaba: el cerebro. Pensaba que si aprendía cómo funcionaba mi propia máquina, eso podía evitar que llegara a estar atascada en medio de ninguna parte, chillando para que alguien viniera y me arreglara; yo proveería mi propio servicio de asistencia y reparaciones. Sería capaz de atrapar con un lazo a esa bestia salvaje del cerebro, detenerla de su sempiterna agitación, manteniéndome despierta por las noches; preocupada, repetitiva, arrepentida y resentida.

Después de mucho investigar, pensé que el Mindfulness[1] era lo que más podía ayudarme, cuando me enteré de que te da la habilidad para regular tu propia mente. (Diría que me salvó la vida pero eso lo trataré en el libro más adelante). Decidí acudir directamente a la fuente autorizada, a uno de los fundadores de Terapia Cognitiva basada en Mindfulness, el profesor Mark Williams, que me dijo que, desgraciadamente, tendría que asistir a la Universidad de Oxford para estudiar esa asignatura junto con Neurociencia.

Reuní algunos viejos documentos escolares y conseguí excavar una o dos libretas de notas decentes de la escuela secundaria, pero sobre todo hice una gran entrevista, de modo que ingresé en ese curso de máster. Los otros catorce alumnos de mi clase eran muy brillantes y el primer día me miraron como si se hubieran encontrado con alguien de tercera clase; pero, Dios mediante, ahí estaba yo.

Así, después de varias décadas de angustiosas investigaciones, un máster en Mindfulness, una licenciatura en Psicoterapia e, incluso, habiendo

---

1. Se traduce como atención plena o presencia mental. En los últimos 30 años, esta práctica está **integrándose en la Medicina y Psicología de Occidente**. Se aplica y estudia científicamente; y es reconocida como una manera efectiva de reducir el estrés, aumentar la autoconciencia, disminuir los síntomas físicos y psicológicos asociados al estrés, así como mejorar el bienestar general. *(N. de la T.)*.

saboreado brevemente la fama, aquí estoy escribiendo este manual acerca de cómo domar / domesticar tu mente.

Más adelante entraré en detalles, pero ahora mismo quiero mencionar un asunto; el oro al final del arcoíris es que TÚ PUEDES CAMBIAR TU MENTE Y TU MANERA DE PENSAR. Esto se llama neuroplasticidad. Tus genes, hormonas, las regiones de tu cerebro y tu aprendizaje temprano no necesariamente determinan tu destino.

Las evidencias científicas han demostrado que las neuronas (células cerebrales) pueden reconfigurarse y cambiar sus pautas a lo largo de tu período vital como resultado de tus experiencias y lo que piensas acerca de ellas. O sea que tus pensamientos influyen en la fisiología de tu cerebro y ésta influye en tus pensamientos.

Piensa durante un minuto en el sexo. Bien, esperaré. Una vez que tienes un atisbo, se desencadena toda una cascada de hormonas en tu cuerpo para dejarte preparada para el acto. A veces es al contrario; estás pensando en tus propios asuntos y, sin razón alguna, una hormona se enciende en tu cerebro y súbitamente tu pensamiento pasa a ser de calificación X.

Cuando tu mentalidad cambia, cambia tu cerebro y, debido a que tu cerebro es tan maleable, el límite es el cielo. Te recuerdo que yo fui a Oxford en mi cincuentena, pese a que fracasé en conseguir un diploma de la guardería Busy Beaver[2] (búscalo, ése es su nombre real), demostrando realmente que cualquier cosa es posible. Pero lleva tiempo alterar tus hábitos de pensamiento; no ocurrirá haciendo un taller de fin de semana sobre «Cómo hacerle cosquillas a tu ángel interior». Eso necesita una concentración deliberada y repetir a lo largo del tiempo. Puedes cambiar, pero únicamente si haces el esfuerzo de no repetir la misma cosa de siempre, de la misma manera, día sí y día no. Tú y tu manera de ver el mundo son el arquitecto del plano de tu cerebro. Esto es lo que los científicos nos han legado en el siglo XXI; una ruta distinta de la que puede leer en la palma de tu mano Madge, la clarividente.

El cerebro es como una capa de plastilina de 1 kilo y 400 gramos aproximadamente; puedes volver a esculpirlo rompiendo viejos hábitos mentales y creando nuevas formas de pensar más flexibles. Gloria Gay-

---

2. Literalmente, El castor atareado. *(N. de la T.)*.

nor[3] estaba equivocada cuando cantaba, «Soy lo que soy». Debería haber cambiado esos versos, pero no hubiera sido fácil bailarlos. ¿Qué es lo que rima con neuroplasticidad?

Tu yo interior

Si puedes mirar dentro de tu cerebro y entender aproximadamente dónde está cada cosa y cómo funciona, quizá no seas capaz de conocerte completamente a ti mismo pero, con la práctica, puede que sí seas capaz de arreglar las cosas. Aprender a autorregularse significa que puedes percibir las alarmas tempranas, antes de llegar al agotamiento total o a la depresión y hacer algo al respecto. Se sabe mucho acerca de la idea de autorregulación; puede que pronto (y espero que sea así) se convierta en la palabra de moda de esta década. Podemos, con ciertas prácticas como el Mindfulness, tener realmente algún control sobre las sustancias químicas que hay en nuestros cerebros y que nos llevan al estrés, a la ansiedad pero también a la felicidad. Este destacado órgano de nuestras cabezas contiene una infinita sabiduría, pero muy pocos de nosotros sabemos cómo utilizarla. Es igual que tener un Ferrari, pero del que nadie nos ha dado las llaves.

La realidad es que la demandante voz en nuestras cabezas no es lo que somos, sino que tiene un papel muy pequeño en el gran esquema de las cosas. Lo que realmente hace que funciones es una poderosa sala de máquinas con un cerebro de un millón, un trillón de gigabytes, dirigidos por tu ADN, que imparte instrucciones a las hormonas, los recuerdos, los músculos, la sangre, los órganos y, en verdad, a cada cosa que ocurre en tu interior, para asegurar que sobrevivirás a toda costa, y no ese estúpido monólogo interno sobre por qué estás demasiado gorda como para usar leotardos.

Mi objetivo en este libro es enseñarte cómo convertirte en el amo de tu mente y no ser su esclavo. Si aprendes cómo autorregular tus estados de ánimo, emociones y pensamientos, y centras tu mente en aquello a lo que deseas prestar atención, en lugar de verte arrastrada a la distracción, puedes alcanzar exactamente esa cosa elusiva llamada felicidad. Todos lo

---

3. El título original de la canción en inglés es: «I am what I am». *(N. de la T.)*

tenemos, lo que ocurre es que no sabemos donde está el botón de encendido. El órgano que nos permite comprender el mundo sabe muy poco sobre sí mismo.

(Sí, Oprah,[4] estoy disponible).

¿Por qué necesitamos un manual?

¿Cuál es nuestro objetivo en la Tierra? Todo el mundo quiere saberlo. De modo que la pregunta no es «ser o no ser» Las preguntas importantes son: «¿Qué se supone que debemos hacer mientras existimos?» y «¿Cómo llevo adelante y dirijo esa cosa llamada "yo"?».

Nuestro principal problema como especie (dejo a un lado a los que tienen creencias religiosas: ellos tienen sus propios libros) es que no tenemos un manual ni instrucciones que nos digan cómo vivir nuestras vidas. Los aparatos domésticos tienen manuales de instrucciones; nosotros no. Nacemos sin ningún tipo de información, y dependemos de Mamá y Papá que insertan su memoria USB en nuestro inocente disco duro y descargan sus neurosis en nosotros. Como pienso que estamos de acuerdo en que todos echamos de menos un manual, he tratado de hacerlo sencillo.

Primera parte: ¿Qué es lo que anda mal en nosotros? Para los locos-normales

En esta parte del manual voy a analizar por qué todos estamos en la escuela de pensamiento del «volar dejándonos guiar por el instinto y la improvisación»,[5] cuando se trata de vivir nuestras vidas. Suponemos que los demás saben lo que hacen; no lo saben.

Segunda parte: ¿Qué es lo que anda mal en nosotros? Para los locos-locos

Para los depresivos, ansiosos, atacados de pánico, los que sufren TOC (trastorno obsesivo compulsivo), los que comen de más, los alcohólicos,

---

4. Se refiere a Oprah Winfrey, la presentadora estadounidense de *The Oprah Winfrey Show*, el programa de entrevistas más visto en la historia de la televisión. *(N. de la T.)*.

los consumistas, los que hacen listas compulsivamente, etc. La lista es interminable.

Tercera parte: ¿Qué es lo que hay en tu cerebro / Qué hay en tu mente?

Voy a familiarizarte con tus ingredientes: hormonas, neuronas, hemisferios, regiones, etc., de modo que en la cuarta parte podrás entender qué es lo que ocurre físicamente en tu mente cuando practicas Mindfulness; cómo eso puede acrecentar los sentimientos positivos, que finalmente proporcionan felicidad.

Tú eres tu propio libro de cocina. La manera en que trabajes tu cerebro determina si te vas a convertir en un filete *mignon* o en el kebab habitual.

Cuarta parte: Mindfulness: Domando / domesticando tu mente

Piensa en esta parte como *Sabiduría para principiantes*. Te enseñaré cómo ser capaz de autorregular tus pensamientos y emociones para hacer de ti el *amo* y no el *esclavo* de tu mente.

Quinta parte: Sugerencias alternativas para hallar la paz mental

No quisiera ser considerada una evangelizadora, de manera que si el Mindfulness no es para ti, te ofreceré prácticas alternativas que pueden cambiar tu modo de pensar.

Tengo la esperanza de que este libro te ayude a deshacerte de la imagen que tienes de ti mismo si se interpone en tu camino; tengo la esperanza de poder animarte a ser valiente y a saber que nada es definitivo: la vida fluye, cambia y acaba. Supera tu miedo. La única forma de hallar la paz es abandonarlo todo y dar un salto hacia lo desconocido. Simplemente salta.

PRIMERA PARTE

¿QUÉ ES LO QUE ANDA MAL EN NOSOTROS?
Para los locos-normales

LO QUE NOS VUELVE LOCOS

Puede que en esta parte haya muchas observaciones que a ti no te suenen, pero sólo vemos al mundo con nuestros propios ojos. Sé que hay personas ahí afuera que no ven el mundo como yo, pero ellas no están escribiendo este libro. De manera que, si alguno no sufre lo que sigue, me disculpo si parece que estoy pintando a toda la raza humana con el mismo pincel pesimista. He llegado a estas conclusiones sólo porque todos aquellos a los que he conocido se han quejado de que éstas son las áreas de la vida que los vuelven locos. Y yo sé, desde el fondo de mi corazón, que son las que me vuelven loca a mí.

Las voces críticas

¿Por qué son tan significativas para nosotros? ¿Qué es lo que hemos hecho mal? ¿Por qué, si somos de lejos el mejor exponente de la evolución, somos ofensivos con nosotros mismos? Cada uno de nosotros tiene un padre intolerante implantado en la cabeza: «No hagas eso… por qué no haces… tú deberías… pero no lo haces», en forma de una grabación incesante. (Mi madre diría que ella solamente estaba diciéndome que era una fracasada porque me quería). Si la mayoría de nosotros alguna vez comparásemos nuestro *leitmotiv* interior, nos demandaríamos el uno al otro por plagio, tan similares son nuestros temas internos.

Ninguna otra especie es tan cruel como nosotros con nosotros mismos. Jamás soñaríamos con tratar a nuestras mascotas como nos tratamos a nosotros. Nos fustigamos para mantenernos en movimiento como si fuéramos un caballo viejo, hasta que se cae exhausto; las patas convertidas en cola. Le he preguntado a tanta gente si alguna vez han tenido en su cabeza una voz que diga: «Felicitaciones, has hecho una labor maravillosa y debo decir lo atractiva que se te ve hoy». La respuesta es: ni una. Estoy segura de que ahí afuera las hay, simplemente yo nunca me las he encontrado.

Una vez que sufres un ataque de ese tipo de autoinmolación, estás en la resbaladiza pendiente de un estado verdaderamente infeliz. Tu cerebro se revuelve, masticando un problema como si fuera un trozo de carne que no es posible tragar. Nunca habrá una solución a: «Yo debería haber», entonces tú atacas, ¿adivina a quién? A ti. Es por eso que uno de cada cuatro de nosotros está mentalmente enfermo.

No es culpa nuestra que seamos los negreros de nosotros mismos, es que biológicamente todos tenemos incorporado ese chip, que nos compele a triunfar y a avanzar. Antes incluso de que tengamos palabras, tenemos un instinto innato en cada célula de nuestro cuerpo de presionar (el gen egoísta). Todos los organismos vivos, incluso los gusanos, lo tienen. Es así como una célula se convierte en dos, y dos en tres (podría continuar pero no tengo tiempo). Las células continúan hasta ser el trillón de las que estamos constituidos. Nos esforzamos en triunfar. El problema es que ahora usamos palabras y, cuando no damos la talla ante nosotros mismos (cosa que realmente debe doler), las voces interiores comienzan: «Yo debería haber» y «yo tendría que haber». Toda esa melodía familiar.

Todos nosotros tenemos internalizadas en nuestras cabezas las voces de nuestros padres, quienes probablemente tenían buenas intenciones, pero esos sentimientos se quedan ahí para toda la vida. Debido a que la mayoría de los padres quieren proteger a sus hijos, tú has recibido una abundante cantidad de «Tú no debes… tú deberías haber», de lo contrario, un niño podría poner el dedo en un enchufe y resultar herido. Estas voces correctivas te ayudan a sobrevivir cuando eres un niño; más tarde en la vida pueden llevarte a volverte loco con sus constantes correcciones e instrucciones, o ayudarte a navegar a través de los obstáculos de tu vida de manera exitosa, suavizando la conducción.

Hay padres que estimulan a sus hijos con refuerzos positivos y ánimo sereno: «Es correcto, corazón, lo has hecho muy bien, ¿por qué no probamos de nuevo y lo harás aún mucho mejor?». Esos niños, más tarde en la vida, pueden ver pasar a un amigo cercano que no los reconoce y su voz interior les dice: «Oh, qué mal, Fiona seguramente está preocupada y se la veía tan guapa, la llamaré más tarde». Pero, aquellos de entre nosotros cuyos padres fueron entrenados en la escuela de crianza de niños de la GESTAPO, ante un incidente así, reaccionamos con: «Fiona me tiene un odio visceral, ésa es la razón por la que me ignora. Ha averiguado que soy imbécil, y en verdad lo soy».

Mi historia

En mi caso, diría que las voces eran bastante duras para una niña; no se parecían a sugerencias, sino más bien a las órdenes de un comando. Mi madre le tenía miedo al polvo, de manera que tenía una esponja en cada mano y dos pegadas a sus rodillas (mi madre era completamente absorbente) y se arrastraba a gatas detrás de mí chillando: «¿Quién deja marcas de pisadas en una casa? ¿Son locos delincuentes?». Probablemente ella quería protegerme, de qué no lo sé, pero yo estuve herméticamente encerrada en mi casa cuando era una niña; todo estaba envuelto en plástico, incluidos mi padre, mi abuela y el perro. Mis padres tuvieron que huir de la Austria nazi en una cesta de ropa sucia, justo antes de que se gritaran las «últimas órdenes» y se cerraran las fronteras, de modo que nadie pudiera dejar la patria. Eso es quizá lo que la hizo tan inconscientemente miedosa, lo que ella proyectaba en las bolas de polvo (son las más volátiles). En cualquier caso, yo recogí el pánico en su voz y ese sonido nunca abandonó mi cabeza. De modo que, pese a que no esté en la Austria nazi, las voces sí están en mi cabeza. No es culpa de nadie.

La búsqueda de la felicidad

Todos buscamos la felicidad (salvo que por supuesto ya la hayamos encontrado y benditos sean los pocos que la tienen). Ésa es la razón por la cual tenemos tantos libros de autoayuda, los suficientes como para cubrir ya la línea del Ecuador 78 veces. ¿Has leído *El secreto*? Yo no, pero sé que se vendieron 80 millones de ejemplares. Yo leí la primera página, te informa de que «el secreto» nos ha sido trasmitido por los antiguos babilonios y que está claro que a ellos les funcionó; eso es por lo que hay tantos babilonios correteando a nuestro alrededor, no puedes moverte de tantos babilonios como hay viviendo en Londres. A continuación, la autora te dice que Platón, Leonardo Da Vinci, Beethoven y Einstein se inspiraron en ese libro. Voy a usar esta idea y yo misma entrevistaré a personas muertas. Aparentemente, las más de 200 páginas que siguen están llenas de consejos que se reducen a: «Ten pensamientos alegres y tus sueños se harán realidad, tal como prometió Campanilla». (Me disculpo ante todos vosotros, los fans de *El secreto,* simplemente estoy amargada por los 80 millones de ejemplares vendidos. Podréis comprenderlo).

Toda esta autoayuda le ha sido robada a Walt Disney; él ha sido el padre del New Age. «Silba una canción feliz; si crees en las hadas, aplaude». De esta filosofía procede *La sirenita*, *Blancanieves* y algunos de los primeros *Mickey Mouse*. Walt conocía el secreto de la felicidad. Lástima que esté congelado; tendríamos que descongelar a ese chico para extraerle un poco más de sabiduría. Walt sabía cuándo hacer un mutis.

Mantenerse ocupado

Éste es un método que hemos concebido para distraernos de las cuestiones más importantes y profundas; tenemos la obsesión de mantenernos ocupados. No hay tiempo para descansar, ni tiempo para pensar acerca de qué es lo que debe hacerse en nuestro limitado período en la Tierra. No estoy criticando; yo me veo tan compelida como cualquier otra persona. Hasta el punto de que me puse de parto mientras hacía un programa de televisión. El director me decía «5-4-3-2», alguien interrumpía y gritaba: «Acción».

Gandhi dijo: «En la vida hay algo más que velocidad». Desgraciadamente no nos dijo qué había, sólo nos dejó colgados mientras él deambulaba vestido con su pañal.

Para compensar ese trasfondo de inutilidad, pretendemos ser todos terriblemente importantes y tener algo que ofrecerle al mundo. Eso es por lo que tenemos Twitter, para poder comprobar cuántos seguidores hemos conseguido tener. Podemos contarlos; 100, 1.000 personas, que jamás has visto, diciéndote lo que comieron en el almuerzo, sabiendo ahora que tú existes. Así es como sabemos si tenemos importancia. Somos como pajaritos, nuevamente empollados en nuestros huevos, y vamos «tuit, tuit, tuit», buscando un poquito de atención, un poquito de afecto, puede ser incluso un gusano, cualquier cosa servirá en la medida en que se dé cuenta de que estamos aquí.

En realidad, todos somos tan desechables como las figuras de cera. Una vez que pierdes tu trabajo o tu belleza o tu estatus, lo que eventualmente pasará, te funden y te utilizan para hacer la siguiente persona importante. Yo fui al Madame Tussaud, el museo de cera, y ahí estaba Charlie Chaplin cerca del baño, mientras Nicole Kidman se fundía y convertía en 150 velas; en un instante, un icono y al siguiente una vela. Jerry Hall[5] seguramente debe de estar en algún pastel de cumpleaños de alguna parte.

Corremos porque no queremos mirar en nuestro interior y ver que quizá no hay nada ahí y que esa búsqueda de sentido es un desperdicio del tiempo de emisión. Nos mantenemos ocupados para no tener que pensar sobre lo fútil que es la carrera; vamos como escarabajos peloteros construyendo una casa de estiércol, ellos no se paran a pensar: «Eh, ¿hacia dónde va esto?».

Cuando tengo un día libre y me despierto, lo hago con un sobresalto, sintiendo pánico por no tener nada importante que hacer. Puede que ésa sea la razón de que yo, y la gente como yo, tengamos que estar ocupadas elaborando incesantemente listas de «cosas que hacer». Para nosotros, la multitarea es nuestro Dios, idolatramos a la multitarea. La

---

5. Modelo y actriz, sobre todo conocida por haber sido pareja de Mick Jagger. (*N. de la T.*).

gente me pregunta si estoy ocupada, yo les digo: «Estoy tan ocupada que he tenido dos ataques al corazón». Ellos me felicitan por ese logro.

Celebramos con reverencia a aquellos que están al límite de sus agendas; cuanto más ocupado estás, más alto es tu estatus como ser humano. Aquellos de nosotros que sufrimos de este fenómeno, hemos aumentado tal histeria de cosas «que hacer», que nos enfermamos justamente para evitar asomarnos a nuestro interior y ver que, en general, no tiene ningún sentido. ¿De modo que quién es en última instancia el triunfador? ¿Las aceleradas personas ocupadas? ¿O quizá sea alguien que está sentado sobre una roca, pescando el día entero, o alguien que tiene el tiempo como para sentir la brisa en su rostro? ¿Quién es realmente el triunfador? Por favor, querido Dios, tengo la esperanza de que no sea el tío del pez.

Aquí hay algunas respuestas comunes a la pregunta: «¿Estás ocupado?».

«Estoy ocupadísimo».
(Imaginémoslo, alguien en alguna parte está corriendo al punto de que él / ella, literalmente, tiene los tobillos quebrados, pero sigue andando).

«No sé si estoy yendo o viniendo».
(Alguien una vez abre una puerta y, simplemente, se queda ahí durante los siguientes cinco años intentando averiguar: «¿dentro o fuera?».

Si has utilizado una de estas respuestas, entonces, probablemente eres alguien de clase A, que está «viviendo la vida», incluso aunque tengas demasiadas ocupaciones como para tener una.

Hay mujeres en mi barrio de Londres que no tienen nada que hacer en la vida y están apuntadas a lo que sea. Van a practicar Pilates cinco veces a la semana, de modo que tienen el suelo pélvico tan fortalecido como para levantar la alfombra. La firma Dyson de electrodomésticos podría usarlas como aspiradoras. Luego van de compras con su asesor personal (lo que les ocupa unas cuantas horas), se alisan el pelo con el secador (eso es una hora más), almuerzan (esto rellena cuatro horas). Entonces tienen que recoger a los niños, hacer los deberes en su lugar hasta que llega el momento de prepararse y salir para asistir a algún acto de caridad. ¿Sabes lo que eso implica? Van a un hotel realmente elegante y pagan 2.500 euros para salvar a un atún.

Nunca es suficiente

Estas mujeres Pilates se quejan de que sus maridos trabajan hasta medianoche y las dejan a ellas teniendo que llevar a su prole a guarderías, que sólo aceptan niños cuyo cociente intelectual es de seis dígitos. He tratado (en vano) de decirles que el matrimonio es una «transacción negociada». Incluso les he hecho un pequeño organigrama para que tengan cierta perspectiva. Les he dicho: «Si tu marido gana más de 185.000 euros al año, más bonificaciones, no tienes derechos como esposa. Tú cuida de la casa y de los niños. Debes aceptar mantener relaciones sexuales cuando y donde él quiera. Y debes mantenerte delgada y joven hasta que la muerte os separe».

«Si tu marido gana alrededor de 95.000 euros al año, sigue cuidando de la casa y de los niños, pero puedes quejarte de él ante tus amigas unas 27 horas a la semana. Si él no ayuda los fines de semana, puedes negarte al sexo».

«Si él gana menos de 15.000 euros, puedes mandar la casa y los niños al infierno». Todo esto es cuando el marido es quien gana todo el dinero. Si es la esposa la que lo gana, digamos que ella obtiene ingresos de 185.000 euros al año, lo que equivale a unos 725.000 en «dinero masculino», igualmente ella tendrá que hacerlo, todo porque la evolución no ha dotado al hombre con ojos como para advertir detalles tales como la huella de una pezuña en la alfombra. Pero el hombre tiene una función muy importante que es estar ahí y mirar hacia el horizonte para asegurar que no son ñúes.

Las compras representan nuestra búsqueda de la felicidad

Esta necesidad de tener más no está limitada a las esposas de los futbolistas o a los jefazos de las grandes organizaciones. Todos nosotros, a nuestra propia manera, nunca dejamos de «desear», ésa es la razón de que necesitemos 6.000 metros de centro comercial; grandes montículos humeantes de galerías no serían suficiente satisfacción. Las compras no acaban nunca; la etiqueta lo dice todo. Nuestra autoestima nos lleva a comprar un bolso de diseño, que cuesta lo mismo que el producto nacional bruto de Croacia, que es por lo que personas que no tienen nada gastarán hasta su último shekel[6] en Dolce and Gabbana o un par de zapatillas Nike de 380 euros. Si tienes el tatuaje de «CC»[7] en el bolso, puedes conseguir un guiño de respeto de todo aquel que pasa, incluso aunque seas un sintecho. Una vez vi a un vagabundo en Miami empujando todas sus pertenencias en un carrito de la compra que había robado en Bloomingsdale.[8] Estaba vestido con un periódico y tenía un sombrero en la cabeza que decía «Nacido para comprar».

Lo que cargamos sobre nuestras espaldas es nuestro nuevo carné de identidad. Las personas que usan Prada normalmente pasan el rato con otros praderistas y lo mismo ocurre con todas las demás marcas; la gente busca su propio nivel, su propia tribu. Imagínate, toda una manada de Guccis en un abrevadero y algunos Primarks[9] comiendo cadáveres.

P.D.: La prueba de nuestra locura es que realmente compramos botas Ugg.[10] ¿En qué cabeza cabe que sintamos la necesidad de parecernos a los esquimales, como si ellos alguna vez hubiesen tenido alguna noción sobre la moda?

El «arreglo» de la felicidad

Algunas personas piensan que para alcanzar un estado de alegría necesitas envolverte en sábanas durante toda la vida, con un punto pintado en la frente, en la cima de una montaña. Algunas agitan cristales, comen hierba, rezan, cantan y bailan con lobos. Puede incluso que sea posible que eso sea satisfactorio… Estoy segura de que es factible sentarse en un

---

6. Moneda israelí. *(N. de la T.)*.
7. Coco Chanel. *(N. de la T.)*.
8. Cadena de tiendas de lujo de Estados Unidos. *(N. de la T.)*.
9. Cadena irlandesa de tiendas de ropa barata. *(N. de la T.)*.
10. Botas unisex de piel de oveja a doble cara y con un forro polar en el interior. *(N. de la T.)*.

banco y alimentar a una ardilla sin impacientarse. Pero el problema es que siempre queremos más. Somos la clase A de todas las especies, de modo que vamos a por el cáliz de oro: la felicidad. Debió de ser un americano loco el que dijo que todos nosotros tenemos el derecho de perseguir la felicidad. Ése es el motivo de que los oigas pedir un cortado con doble ración de leche caramelizada cada mañana, con su sonriente dentadura, justo antes de gorjear: «Que tengas un buen día». Son algunos de entre la gente feliz, que perciben que están experimentando la felicidad cuando ven una nube o caminan por la playa, mientras que el resto de nosotros solamente percibimos esa hormigueante sensación especial cuando hemos comprado, alcanzado, enganchado o contratado algo. Entonces nuestros cerebros nos brindan una subida de dopamina que nos hace sentir bien. No necesitamos de otras sustancias; somos nuestros propios traficantes de drogas.

El problema es que el golpe de la «felicidad» habitualmente dura tanto como un cigarrillo, de manera que continuamente necesitamos buscar el próximo arreglo. Es como si fuéramos una especie sin frenos, sólo averías.[11] La pequeña broma que nos hace la madre naturaleza es que, cuando conseguimos el objeto de deseo original, no nos resulta demasiado divertido, de modo que, salvo que estemos continuamente subiendo las apuestas, no podemos conseguir esa explosión interna de fuegos artificiales que llamamos felicidad. La mayoría de los animales sólo comen hasta que se sienten satisfechos y después se van; pero nosotros no, seguimos excediéndonos incluso aunque el siguiente bocado nunca sabe tan bien como el primero.

La jerarquía de los deseos occidentales (según mi opinión)

- **Comida y / o agua**
- **Colchón**
- **Techo**

---

11. Juego de palabras intraducible: *brakes* («frenos»); *breakdowns* («averías», «fallos»); la primera palabra y la primera parte de la segunda suenan igual al pronunciarse en inglés. *(N. de la T.)*.

- **Vivienda**
- **Coche normal**
- **Segunda vivienda**
- **Piscina**
- **Porsche**
- **Volar en clase turista**
- **Volar en Business**
- **Volar en primera clase**
- **Volar en avión privado**
- **Volar en avión privado con** *jacuzzi*
- **Conocer a Oprah**

Este fracaso en conseguir lo que queremos nos deja en un estado de permanente deseo. Las revistas entienden que lo inasequible nos hace la boca agua; la cacería es mejor que la pieza cobrada. Los coleccionistas de arte pagan 19 millones de euros por un «poco de humo y pocas nueces» y jamás le prestan atención una vez que lo tienen colgado en su pared. Volverán a lamer las páginas del catálogo de Sotheby's por el siguiente objeto de deseo. Si no estamos deseando, estamos a la espera. A la espera de qué, no lo sabemos, pero de algo que va a suceder pronto. A la espera de que nos encarguen el guión sobre un payaso que se enamora de una ardilla, y entonces decide hacerse vendedor de coches. A la espera de recibir dinero por una idea sobre cómo inventar la sopa sólida; todo es sobre algo que ocurrirá la próxima semana, el próximo año, no importa cuándo, mientras estemos suspendidos en el estado de permanente espera.

Un nuevo fenómeno, surgido de nuestro insaciable apetito es el sentido de tener derecho; ahora cada cual piensa que merece ser un triunfador. Ésa es la razón por la que tantas personas ilusas, sin ningún sentido de la vergüenza, tienen la audacia de participar en el programa televisivo *Factor X*, cuando tienen la voz de un sapo. Los libros de autoayuda te dirán que lo único que se opone en tu camino eres tú misma. «Puedes ser hermosa si piensas que lo eres», te dicen. Eso es por lo que se ven a esas auténticas autoengañadas, que se pintan las uñas con pequeños diamantes incrustados en extensiones de color rojo baño de sangre, como si nadie se fuera a dar cuenta de que son del tamaño del Tíbet.

Los pensamientos negativos

Una vez que nosotros, los humanos, tenemos lo básico para sobrevivir, es decir, comida, agua y maquillaje, podrías pensar que deberíamos estar de rodillas, besando el suelo y agradecidos por estar vivos, por ser capaces de ver con nuestros ojos, oír por nuestros oídos y, lo mejor de todo, comer. Vamos a concedernos un minuto de silencio para agradecer al Big Bang por hacer posible que, eventualmente, podamos experimentar el sabor del helado Chunky Monkey de Ben & Jerry's.[12]

Pero incluso con todos estos milagros aún seguimos sufriendo y todo por nuestra forma negativa de pensar. Los animales no tienen pensamientos negativos; están ahí afuera durante todo el tiempo, balanceándose en las ramas, apareándose prácticamente con todo lo que se les pone delante. ¿Y nosotros? Nosotros rumiamos las cosas, nos preocupamos, nos arrepentimos, criticamos; ¿quién crees que ha extraído la pajita más corta? Lo más terrible de todo es que podemos proyectarnos al futuro e imaginar que, eventualmente, perderemos la apariencia que tenemos y, me atrevo a decirlo… moriremos.

¿Ves como ahí hay siempre una granada de mano en el fondo del frasco de las galletas? Es como la historia de mi vida: siempre que he logrado un poco de algo y soy felicitada, poco después recibo rápidamente una patada en el trasero por parte del karma. Cuanto más tienes (buena pinta, dinero, fama), más sufres cuando los pierdes. Siempre hay una factura que pagar. Con suerte, las personas como Liza Minelli son bendecidas con una ración de inconsciencia, de tal modo que cuando empiezan a llenarse de arrugas y fundirse en el olvido son las últimas en enterarse y siguen pegando sus paraditas con esos bailarines de claqué en el sempiterno Broadway, incluso aunque puedas escuchar el crujido de sus artríticas caderas, al hacer ese esfuerzo. (Esto probablemente suene crítico, pero más adelante lo desarrollaré, de modo que ahora sólo sopórtame).

Aquellos de entre nosotros que no estamos al borde de la inanición, la eliminación, ni vivimos en la miseria estamos condenados a una vida

---

12. El nombre del helado significa, literalmente, «mono fornido». Su sabor es una mezcla de plátano, chocolate y nuez. Las heladerías Ben y Jerry's elaboran sus especialidades con productos ecológicos y procedentes de Comercio Justo. (*N. de la T.*).

de preocupación por trivialidades. Todo va cuesta abajo cuando nos arrastramos fuera de la jungla. Sencillamente, no sabemos en qué tenemos que pensar después de satisfacer nuestras necesidades básicas; de modo que reformamos nuestras cocinas. En mi barrio, todas las superficies de esas viejas cocinas tienen un acabado de metal plateado, parecido a lo que te encuentras en una morgue. Te da miedo abrir un cajón, no sea que aparezca el dedo gordo de un pie del que cuelga una etiqueta. Ahora se hacen excavaciones bajo la cocina para hacer más estantes, hasta que se topan con roca volcánica. Algunos tienen piscinas en las que jamás se van a meter. Conozco a alguien que se está construyendo un viñedo subterráneo.

Los cuartos de baño grandiosos

Mi teoría es que puedes decir lo trastornado que está alguien al ver su cuarto de baño. Si creen que necesitan una lámpara de araña, una bañera de mármol italiano y un inodoro que cumpla más de tres funciones (ahora en alguno de ellos se puede oír a Rachmaninoff cuando subes la tapa y te rocían con perfume de lilas cuando orinas), no son buenas personas y están lejos, muy lejos de la salud mental. Freud debería haber propuesto una teoría en la que se interrogue al cliente sobre cómo concibe la decoración de su baño, en lugar de preguntarle sobre el sexo. El sexo no te dirá nada. La manera en que quieres que sea el aspecto de tu retrete es la llave del inconsciente. Un cuarto de baño es un lugar donde no deberías tener aires de grandeza, porque allí sólo estáis tú y él. No hay espacio para el narcisismo, es simplemente un baño, donde realmente te ves tal como eres y percibes un tufillo a realidad. En el baño nadie es una estrella. Recuerda eso y llegarás muy lejos en la vida.

Nuestra necesidad de ser especiales

Nuestro estatus suele estar basado en linajes de sangre, en si eres una princesa o un guisante. (*Véase Batallas en la cama*).[13] Ahora determinamos el

---

13. Con este nombre se tradujo al español el libro del biólogo evolucionista Robin Baker; la autora lo cita con el título original en inglés, *Battle of the Sperm. (N. de la T.)*.

valor de cada cual, preguntando: «¿Tú qué haces?». Si dices, «nada», la gente se aparta de ti como si fueras un cadáver. Nuestra identidad se establece en función de nuestras tarjetas de visita, y cada año surgen nuevas titulaciones para definir funciones crecientemente abstractas. Las descripciones de trabajos tales como «consultorías» son ambiguas. (Si todos fueran consultores, ¿quién quedaría para necesitar a alguno de ellos?). En el momento actual, los «conferenciantes motivadores» están considerados también mandamases. Confundimos valentía con bravura. He visto a conferenciantes motivadores que han sido llevados a empresas para hablar de cómo remar a través del Atlántico con un solo brazo. ¿Cómo contribuye eso a la compañía? Esa persona no es valiente, es un chalado. Y esos conferenciantes empiezan a actuar de forma competitiva entre sí; al parecer, alguno afirmó haber escalado el monte Everest usando solamente sus fosas nasales.

Cada uno de nosotros piensa en algún sitio en su interior que tenemos un objetivo. Hace tiempo no teníamos esa angustia existencial; éramos cazadores o recolectores. Un cazador cazaba, un recolector recolectaba (los judíos señalaban en lugar donde hacerlo). En aquel entonces no existía algo como la individualidad, de tal forma que no podías distinguirte a «ti» de cualquier otro, salvo que usaras un sombrero o tuvieras más pelo, pero básicamente todos éramos lo mismo: gruñidores y forrajeros.

En aquellos tiempos no necesitabas un manual. Nacías, conducías un buey por un campo, te multiplicabas y morías. Nadie se quejaba; las epidemias iban y venían: la viruela, la gripe, cualquiera de ellas, las sufrías; y todos tenían la misma actitud, «así es la vida». Ahora eso es un ultraje: «¿Cómo se atreven esos virus a eliminarnos? ¿Saben acaso quiénes somos? Somos seres superiores, la *crème de la crème*[14] de todo lo que vive y alienta; la cima de la cadena alimentaria».

Todo empezó a ir mal cuando algún optimista delirante escribió las palabras: «Todos los hombres fueron creados iguales». Éste no es el caso, evidentemente; algunas personas son perdedoras. El tipo ni siquiera vivió lo suficiente como para ver la lata de gusanos que había abierto al escribir eso con su pluma. Simplemente firmó con su autógrafo y dejó que comenzara el caos. (Voy a dar nombres. Fue Thomas Jefferson, otro americano).

---

14. En francés en el original. *(N. de la T.)*

El gran equipo: días felices

El nuestro era un estado de felicidad máxima, cuando solíamos conducir a nuestros bueyes enlazados por el yugo a través del campo, porque entonces estábamos trabajando todos juntos como una gran tribu, un equipo. Muy bien, era difícil conseguirlo, pero nos echábamos unas carcajadas juntos ahí afuera en medio de las ventiscas. Necesitábamos formar tribus para combatir contra las tribus vecinas que trataban de robarnos nuestros bueyes. Sin un buey no eras nadie. Posteriormente, el número de integrantes de una tribu disminuyó, porque al mismo tiempo llegaron las armas de fuego y, entonces, ya no necesitabas realmente a un montón de gente, solamente a un tío con un dedo en el gatillo. Eso es por lo que ahora no tenemos ese sentido de trabajo en equipo; cada uno de nosotros estamos cazando en solitario, en nuestros rincones, sujetando nuestras armas.

Sólo tenemos sentido de pertenencia a una tribu cuando debemos enfrentarnos a catástrofes tales como un huracán, a Godzilla[15] o a una guerra. En el Reino Unido, el único momento en que todos se unen es cuando se ponen a rememorar la Segunda Guerra Mundial; cuando se alimentan del espíritu del *Blitzkrieg*,[16] todos comienzan a llorar cantando esas canciones del estilo de «We'll Meet Again»[17] que oyeron en la radio. Cada Navidad, los padres de mi marido se vestían con los uniformes de los pilotos de la Luftwaffe y de la RAF[18] y corrían alrededor del salón, «We shall fight them on the beaches!»,[19] y gritando «Nunca nos rendiremos», cuando chocaban con el aparato de televisión.

---

15. Monstruo de ficción japonés protagonista de varias películas. *(N. de la T.)*.

16. Palabra alemana que designa la táctica militar conocida en español como «guerra relámpago». *(N. de la T.)*.

17. Literalmente, «Volveremos a encontrarnos». Canción de 1939, que popularizó durante la Segunda Guerra Mundial la famosa cantante británica Vera Lynn. *(N. de la T.)*.

18. Fuerza Aérea Nazi y siglas de Royal Air Force, la Fuerza Aérea Británica, respectivamente. *(N. de la T.)*.

19. *We shall fight them on the beaches*, literalmente, «los combatiremos en las playas», fue una de las frases de un discurso pronunciado por Winston Churchill en la Cámara de los Comunes del Parlamento del Reino Unido, en junio de 1940. Debido a la contundencia de la misma, el discurso en cuestión pasó a llamarse comúnmente así. *(N. de la T.)*.

En mi opinión, nuestra decadencia nació cuando empezamos a pensar que éramos «individuos». He leído en alguna parte, no me preguntéis dónde, que cientos y cientos de años atrás no existía una palabra para decir «yo». Sólo la había para «nosotros». En ese entonces nadie estaba solo. El problema comenzó cuando el individuo entró en escena. ¿Recuerdas la rueda? ¿Millones de años atrás, cuando hicimos la rueda? No sabemos quién la hizo. No hay una rueda de Chanel. ¿Recuerdas cuando trabajábamos todos juntos para hacer un fuego? No sabemos quién encendió la primera cerilla; simplemente fue algún tío y no necesitaba poner su nombre en las llamas. Ahora los agentes y los gerentes tienen que estar involucrados y pueden desgravarse un 20 % en su declaración fiscal solamente por estar ahí.

Los simples animales tienen toda la suerte del mundo. Están encantados de seguir trabajando en equipo. Están encantados de ser parte de una manada, de un rebaño o de un enjambre. ¿El ganso de la última fila de la formación de la bandada en vuelo? Se siente orgulloso de estar ahí. Está supercontento. Es su tarea en la vida. No es nuestro caso. Nuestro instinto más primitivo es vincularnos y socializar; nuestro verdadero ADN nos da instrucciones sobre cómo mezclarnos. La selección natural semeja un concurso de belleza, nadie recuerda quién quedó en segundo lugar. La naturaleza es así de cruel: una pequeña debilidad, un defecto, una aleta en lugar de un brazo y estás fuera de la carrera… eres el pasado.

¿Sabes a quién culpo por todo ello? A Freud. Si no hubiera mencionado el ego, nunca hubiéramos tenido uno. Porque para él, todo se trata de mí. Yo tengo que ser la próxima Kate Moss. Yo necesito dirigir Virgin.[20] Yo necesito estar en el *Hola* y haré cualquier cosa con tal de aparecer en televisión. «Quieres que me coma a mi suegra? Pues ponla en la barbacoa».

Así es la condición humana: vivimos más, nos volvemos más altos y sólo necesitamos la presión de un dedo para estar con cualquier otra per-

---

20. El Grupo Virgin, creado por el multimillonario británico Richard Branson, es un conjunto de empresas vinculadas a varios sectores de la sociedad de consumo, presente en muchos países. Inicialmente se dedicó a la música: Virgin Records. (*N. de la T.*).

sona del planeta, y aún no sabemos cómo manejarnos a nosotros mismos. Puede que no se suponga que debemos saberlo y que cuando acabemos de llenar el mundo de aparcamientos, tiendas de *muffins* y Starbucks,[21] nuestro objetivo en la Tierra habrá finalizado y con un gran boom cataclísmico habremos desaparecido.

Millones de años de selección natural, y esto es a lo que hemos llegado. Queremos ser los más famosos, los más ricos, los más delgados y los más ocupados. Darwin se habría ensuciado los pantalones.

El problema del cambio

Ya te he dado a catar una muestra de las buenas noticias: PODEMOS CAMBIAR. Pero aquí debo señalar, dado que nos estamos centrando en los problemas propios de vivir en la época moderna, que cuando cambies, a los que están a tu alrededor no les va a gustar. La gente no querrá renunciar a la imagen que tienen de ti, a pesar de que hayas redecorado tu ser interior. Quieren que permanezcas tal como te recuerdan, así sienten que ellos tampoco han cambiado, que aún son gloriosamente jóvenes. Eso es por lo que no queremos ver a una vieja estrella de cine, porque nos hace pensar en nuestra propia mortalidad. En ocasiones, incluirán en el elenco a una mujer «mayor» (¡en la cincuentena!), pero se asegurarán de que muera de alguna enfermedad terminal en la mitad de la peli. Nadie quiere ver una cara vieja en la pantalla, especialmente en alta definición. (Una vez me vi en Alta Definición, parecía el primer plano de un elefante).

Vamos corriendo a los médicos para combatir a doña Ley de la Gravedad durante un año más, pero no hay esperanza. Tenemos que decirnos a nosotros mismos: «El árbol de Navidad ya está muerto, deja de decorarlo con guirnaldas falsas, no va a servir».

Yo no estoy dejándome al margen de esto; doy las gracias cada día a los cirujanos que me ayudaron a parecer tan fresca, cuando hacía ya tiempo que la frescura debería haber muerto. Estoy segura de que mi

---

21. Se refiere a la cadena de cafeterías con locales en muchos países. *(N. de la T.).*

interior como el viejo Dorian Gray,[22] mientras que a mi cara se la ve completamente brillante y nueva. Una vez le dije a Jennifer Saunders,[23] «¿No es asombroso que no puedas decir que apenas me he tocado la cara?». Ella me dijo que yo deliraba y que eso era obvio. Nunca le diré a nadie lo vieja que soy. El año en que nací nunca traspasará estos labios sin disimulo. Realmente, ni siquiera recuerdo el año en que nací. He puesto mi alarma antirrobo para recordármelo. En mi casa han robado muchas veces, viene la policía y yo no puedo recordar si instalé la alarma en ¿1971?, ¿1932? ¿1995? Puede ser cualquier cosa.

Muchas personas quieren etiquetarte como divertida o agresiva o desastrosa. Estamos condenados por los demás a tener la imagen que ellos tienen de nosotros; nos mantienen como rehenes de sus expectativas como una mariposa pinchada en una cartulina. Los taxistas todavía me preguntan, como si no me doliera, por qué ya no estoy en la televisión. En el pasado solía tragarme la bilis y sentía una puñalada en el corazón. Yo suelo contestar: «Porque tengo un cáncer terminal». Eso habitualmente les cierra la boca bastante rapidito. Dejé de hacer eso, porque aprendí que si dejas salir tu rabia y la lanzas hacia alguien volverá a ti como el reflujo ácido y te habrás envenenado a ti misma, y te sentirás intoxicada y nauseabunda mientras que es muy probable que el conductor del taxi simplemente vuelva a su casa y a su esposa, y tenga una hermosa vida.

Tengo que cambiar, no tengo otra elección, ya que mi carrera en televisión se ha esfumado como una alfombra bajo mis pies y he sido remplazada por una versión más joven (aunque no más divertida) de mí misma. En cualquier caso, hay que dejarlo pasar y sí, al principio es doloroso que nadie se fije en ti. La fama es muy adictiva y, cuando el foco se apaga, la mayoría de la gente está desesperada por aferrarse y hace todo lo posible por conseguirlo: «Por favor, haz un documental sobre mi operación de vesícula biliar. Incluso puedo representar a un cadáver».

---

22. Personaje protagonista de la novela gótica *El retrato de Dorian Gray,* del autor irlandés Oscar Wilde. Dorian desea parecer siempre tan joven y bello como en un retrato que pintaron de él. Su deseo se cumple, mantiene para siempre la misma apariencia del cuadro, que envejece en su lugar. *(N. de la T.)*.
23. Famosa actriz cómica británica, ganadora de varios premios Bafta, y protagonista de la ya mencionada serie televisiva «Absolutely Fabulous». *(N. de la T.)*.

Eventualmente, es bastante liberador pasar desapercibida y volver a unirte a la raza humana. Cuando vas en el metro y nadie te reconoce, es una llamada de atención; te das cuenta de la alta estima en que te tenías y que ha llegado el momento de salir del círculo y olisquear su perímetro exterior... Hay un inconveniente en volverse una persona normal; es cuando le dices a la salida, al chico de las entradas que te has olvidado de comprar una y piensas que él te dirá: «Ja, ja, tú eres esa de la tele», y te dejará pasar gratis, pero descubres que esa vez no lo hace y te dice que o compras la entrada o irás a la cárcel.

Cuando yo decidí reinventarme (algo que todos tenemos que hacer en la vida, por lo menos, cinco veces, porque está previsto que muramos a los 30 años), y volví a la universidad para aprender a ser una terapeuta, mis amigos me dijeron que los clientes pensarían que era una broma. Que esperarían que hubiera cámaras de televisión siguiéndome al interior de la habitación, o que se asustarían, o que comenzarían a hacer una prueba de actuación. Yo tenía la impresión de que la mujer (yo) que había tenido ese trabajo en la televisión estaba efectivamente muerta.

El asunto es que todos estamos cambiando todo el tiempo. En un tiempo te resultaba difícil atarte el cordón de un zapato y ahora ni siquiera necesitas mirar para hacerlo. El cambio es muy sutil; piensas que sea cual sea la forma en que te sientes ahora mismo es la manera en que siempre te has sentido. Nuestro cerebro puede confundirnos y hacernos pensar que la vida se ha detenido. Eso es lo que al final provoca la mayoría de las angustias de la raza humana.

La estrechez de miras

A medida que te haces mayor ya no ves muchas cosas como especiales. Sea lo que sea que experimentamos en el presente, automáticamente retrocedemos en nuestra agenda mental para imaginarnos a qué nos recuerda. Hacemos eso para sobrevivir; así, digamos que tuvimos una mala experiencia con un hombre de bigotes, ahora ya no confiamos en nadie que tenga bigotes. Y debido a que vemos a todos a través del filtro de a quién nos recuerda, todo aquel que conocemos es, por lo tanto, etiquetado con esa imagen, congelada para siempre. No nos damos cuenta de lo sesgados que nos vuelven nuestros recuerdos y cómo afectan a nuestra visión del mundo.

Y a medida que nos hacemos mayores, nuestras lentes se hacen más y más estrechas y borrosas hasta que sólo vemos nuestro propio estrecho punto de vista; esta visión limitada eventualmente nos convierte a todos en fanáticos. Eso es por lo que muchos matrimonios se separan. Encuentras a alguien, piensas que lo conoces, te casas, y diez años después te divorcias porque resulta no ser como pensabas que era. Nunca lo fue. Después de muchos años de haberme casado, comprendí que había elegido a mi marido porque tenía las mismas cejas que Jeff Bridges. Ahora, he de convivir a diario con la desilusión de que es con él con quien realmente estoy, no con Jeff. Dios sabe quién pensó él que era yo.

El asunto va aún más allá. Inconscientemente creamos situaciones que respaldan nuestras creencias, sólo para probar que nuestro punto de vista es el correcto.

Todos conocemos a esas mujeres que siguen citándose con la misma clase de tíos para mantener la imagen que tienen de sí mismas como «víctimas» y para reforzar el hecho de que «todos los hombres son unos bastardos». Te cuentan historias acerca de cómo parecían tan perfectos en el sitio web del «Asesino en serie» y, sin embargo, después de dejar una granada encima de la almohada, nunca más volvió a llamar. ¿Por qué?

Es asombroso cómo soportamos el dolor y el maltrato para mantener nuestra vida predecible. Permitimos que nuestras voces interiores nos embrutezcan, en lugar de vivir con la posibilidad de que puede que estuviéramos equivocados en cómo veíamos las cosas. Pensaremos: «Bien, por lo menos es un dolor que me resulta familiar».

La incertidumbre es nuestro mayor temor, de modo que mantenemos la idea de que nuestra visión del mundo es la realidad. Usamos nuestra mente para construir una imagen del mundo, juzgándolo, asegurando que encaja con nuestra pasada imagen de las cosas y, entonces, anticipando cómo nuestro pasado comportamiento puede afectar a nuestro futuro. Nunca vemos al mundo como realmente es, sino tal como lo vemos nosotros. Y debido a que estamos atrapados en nuestra propia interpretación, estamos preparados para ir a la guerra con otras personas atrapadas en su visión de la realidad: y ambas jamás se encontrarán. Así es como suenan las voces de todas las personas que están inmersas en sus propias vidas, creyendo que su realidad es la única, pensando que las cosas que opinan realmente importan; es la voz del solipsismo. Ésa puede ser la razón por la que el mundo está en tan mala situación. Es el meollo de todos nuestros problemas y, hasta que nos demos cuenta de lo limitadas que son nuestras perspectivas, nunca estaremos de acuerdo con nada. Tenemos que intentar ver lo que la gente ve a través de sus ojos, sólo entonces podremos elaborar alguna solución coherente. Ésta es mi afirmación sobre la paz mundial: la tomas o la dejas.

Mi historia

A mí no me preocupa el cambio. Yo procedo de una larga línea de imprevisibilidad, dado que mis ancestros nunca permanecieron en ningún sitio durante mucho tiempo. Quizá porque soy hija de inmigrantes, yo siempre estoy lista para dar el salto, cambiar de ubicación rápidamente, en caso de que seamos exterminados de nuevo. Mis colegas inmigrantes no se ponen sentimentales con cosas tales como los muebles o las reliquias; eso es porque estamos constantemente escabulléndonos a través de las fronteras, volando con los pianos sobre las espaldas.

Mi fantasía es vivir en una sencilla habitación de hotel, sin chucherías, solamente con un teléfono para llamar al servicio de habitaciones. Nunca he entendido a la gente que agita su bandera nacional, emocionada, cantando alguna elegía sobre su país natal. Todo el mundo sollozando por el viejo país (que solamente es un trozo húmedo de musgo), insistiendo una y otra vez en cuántas generaciones vivieron en esa granja de patatas (dicho con acento irlandés) y cuánto la amaban, pese a que, probablemente, hubieran emigrado a otro país. Para mí eso es suciedad, para ellos, tierra: la misma cosa. Mi gente esto, mi gente lo otro. Yo no tengo gente real, excepto cuando estoy en una institución mental y, en ese caso, está llena de ella. Ésa es mi gente, porque cuando les preguntabas cómo estaban, no te respondían «bien». Nosotros no necesitábamos una bandera.

Mi carrera acabó con una explosión tan contundente, que yo acabé en un asilo. Siempre nos sorprendemos cuando algo se acaba; todo se acaba, entonces, ¿por qué nunca pensamos que esa vez nos toca a nosotros? Una de mis últimas entrevistas fue con Ben Stiller, que solamente respondió a mis preguntas con un «sí» o un «no», y yo supe que me estaba estrellando.

En realidad, el auténtico último programa de entrevistas que hice fue a una estrella (que permanecerá en el anonimato), cuyo agente publicitario solamente me permitió ir de compras con ella a la tienda de un amigo suyo, por donde dio vueltas, diciendo cosas tales como: «Esto es bonito». Después fuimos a su clase de Pilates, donde fui autorizada a rodar mientras ella hacía una flexión.

Por último, al final del programa habló en una cafetería y obtuve un discurso de 45 minutos sobre política de Palestina, o Panamá, o Bosnia; la culpa la tenía yo, toda la Administración Bush era culpa mía. Yo sabía que el programa necesitaba un poco de humor, de modo que a la salida de la cafetería le compré (sólo los hay en Nueva York) un burro de plástico, en cuyo interior puede ponerse detrás de ti, un cigarrillo encendido y ver cómo sale el humo de su boca. Ella lo cogió y me miró como diciendo: «Eres menos que un gusano». Fue la última vez que entrevisté a alguien. Cuando veía cómo intentaban editar una frase útil para salvar el programa de la entrevistas del «Ben Stiller en plan cadáver» y de «Juana de Arco / la estrella innombrable», supe que lo mío ya era pasado; me ofertarían una despedida afectuosa de esta profesión.

Mientras bajaba las escaleras del negocio del espectáculo, finalmente toqué fondo cuando hice un doble pacto de suicidio con Richard E. Grant[24] durante un programa que tengo la esperanza que te hayas perdido, llamado *Celebrity Shark Bait* (Cebos famosos para tiburones). He aquí una pista: los famosos no eran los tiburones. Lo hicimos por dinero y por la oportunidad de ver Cape Town y pusimos en la piscina grandes tiburones blancos nadando en segundo plano en nuestras mentes. Aparte de nosotros, en ese programa solamente había una chica (nombre olvidado) de cierta marca de jabón (nombre olvidado), que vestía sujetadores muy escotados para presumir de sus blancos y lechosos pechos. La rodaron la mayoría de los días y a Richard y a mí nos dijeron que no nos necesitaban, de modo que le dijimos a un agente inmobiliario local que estábamos buscando una casa para comprar y anduvimos fisgoneando en las casas de la gente. Entretanto, Pechos Lechosos estaba siendo filmada (no estoy exagerando) dentro de un frigorífico, en el que colgaron a unos cerdos muertos de unos ganchos a su alrededor, mientras ella se estaba helando en su biquini. El objetivo de esto era prepararla para el agua fría. P.D.: Íbamos a usar trajes de buceo para la inmersión, de modo que no había motivo para la escena de los cerdos, salvo el de verle los pezones.

Finalmente llegó el día de la inmersión de tiburones; una lesbiana obesa nos dio instrucciones acerca de cómo y cómo no hay que comportarse en la jaula de los tiburones. La mujer, que tenía impreso en su camiseta «Lady Shark»,[25] nos dijo que no nos preocupáramos, que ella venía haciendo eso desde hacía 25 años y que era completamente seguro. Cuando lanzó grandes trozos de atún al mar como cebo (consiguiendo que hubiera algo de sangre en el agua para atraer a los grandes tiburones blancos y llevarlos al frenesí alimentario), nos dimos cuenta de que ella sólo tenía dos dedos. Resultó que Pechos Lechosos no quería entrar en el agua —estaba demasiado asustada— y, entonces, Richard y yo fuimos bajados como cebos. Súbitamente algo de casi siete metros de largo se deslizó hacia nosotros, mirándonos con ojos muertos y se alejó nadando.

---

24. Actor inglés nacido en Suazilandia (sur de África). *(N. de la T.).*
25. Literalmente, *señora tiburón. (N. de la T.).*

El tiburón seguramente estaba enterado de que nuestras carreras-televisivas estaban acabadas y se fue a por un famoso de primera línea. Nos pusimos histéricos en el fondo de la jaula, yo me reí hasta que se me salió la orina a través del cuello de mi traje de buceo. Meses después vimos el programa. Fuimos utilizados para intercalar planos cortos nuestros que insertaron entre los Pechos, y mientras nos bajaban a la jaula, nos doblaron chillando; por lo tanto, no sólo nos humillaron sino que nos hicieron aparecer como cobardes; dos viejas glorias del pasado hundidos hasta el fondo de un tubo. Decidí abandonar el mundo del espectáculo y empezar de nuevo, deshabituándome lentamente de la fama.

De modo que no siento nostalgia al dejar las cosas. En lo que respecta a mi carrera, a la universidad o a mi tierra natal, estoy en el autobús que me lleva fuera del pueblo en el momento preciso, como para irme antes de que me echen. Nunca he querido ser la última que deja la fiesta. Si no te mueves, te quedas estancada, y se vuelve patético cuando te aferras a tu pasado, recordando tu época escolar, cantando las viejas canciones y aburriendo a muerte a todo el mundo. La libertad definitiva está en saber que todo, incluso tú, es un constante fluir; nunca estás quieta, siempre estás en la fase de «lo siguiente»; millones de tus células nacieron, millones han muerto. En siete años serás una versión completamente nueva de ti y tu antiguo ser, una pila de escamas de caspa.

¿Nos hemos sobrecargado?
¿Cuánto deberíamos saber?

Nuestros pequeños cerebros reciben alimentación de todo tipo, cotidianamente, por goteo, desde consejos sobre moda hasta noticias actualizadas sobre el tráfico y los ataques terroristas. ¿Hay un límite a todo esto? Me habría gustado saberlo. Deseo que haya algún tipo de servicio que te informe de cuánto puede absorber en particular tu mente. ¿Cuál es tu capacidad? ¿Cuándo hay demasiada información para ser contenida en una sola cabeza? ¿Por qué no podemos, aquellos de nosotros que estamos hasta el tope de nuestra capacidad, levantar la mano y decir: «No puedo absorber más, por favor, no me digáis nada más»? Yo lo único que puedo retener es el número de mi tarjeta VISA. No puedo recordar mi contraseña para Pay Pal y Twitter, mi cerebro está desbordado. Hace pocos meses mi cerebro fue testado por un psicólogo, que dijo que yo tenía muy poco espacio de memoria RAM, de modo que sólo puedo retener tres números a la vez, y no puedo elaborar un argumento porque me olvido dónde empecé. Tengo otros problemas con los números. Una vez llamé a mi marido desde Sudáfrica y le dije que había conseguido una casa por una ganga, por 10.000 rand (1.200 euros). Me salté tres decimales: eran 10 millones (12.500.000 de euros).

¿Cuánta información se supone que somos capaces de asimilar? Estoy segura de que solamente estamos equipados para saber lo que ocurre en nuestra calle o quizás en la tienda de comestibles, pero si hay un terremoto de intensidad 3,6 en Kow Loo Toik, ¿debo saberlo? Si se inundan las islas de Papúa Nueva Guinea, ¿qué se supone que tengo que hacer yo? ¿Volar allí; llegar en canoa con una bomba de agua y comenzar a desaguar? Muy bien, si me muestras una foto de una persona mutilada, te firmaré un talón inmediatamente, pero la mayor parte del tiempo, ¿qué se supone que debemos sentir ante esos desastres globales? Es probable que me guste saber si a mi vecino de la puerta de al lado le han disparado, pero puede que no me altere tanto si le sucede a alguien que vive a tres manzanas más allá. ¿Cuánto de cerca estoy de las balas? Eso es lo que quiero saber. Me siento terriblemente mal diciendo esto, pero es lo que pienso.

Cuando hay un huracán en Nueva York, aparecen enormes titulares de prensa y 240 fotos de cada gota de lluvia, se entrevista a personas mojadas, olfateando por vez primera la fama (puedes ver el destello en el ojo), conscientes de que van a ser vistas en todo el mundo, cuando dicen algo tan original como: «Yo estaba en mi casa y oí el viento y salí corriendo de mi casa». Los neoyorquinos lloraban, gritaban, se quejaban (esto es lo que hacen los judíos) porque sus coches se paralizaron, y porque se les volaba el pelo. Pero, al mismo tiempo, Haití fue prácticamente devastado; murieron 66 personas y apenas merecieron un destello de cobertura. Tan sólo ves a algunas personas negras vadeando en un poco de agua, pero no se muestran primeros planos.

Soy escéptica acerca de por qué la gente necesita tener conocimiento de las atrocidades mundiales. Conozco a personas que ven la CNN todo el día, particularmente cuando están entrenándose con su máquina escaladora, esculpiendo sus glúteos mientras esos grandes titulares de desastre los abofetean en la cara, con un reportaje de las últimas noticias sobre otro tiroteo en un instituto de enseñanza. Puedes ver a una presentadora de labios lubricados corriendo hacia una animadora herida, poniéndole el micrófono ante la cara, preguntando: «¿Cómo te sientes ante este incidente?», y dándole una patadita cuando cae en la inconsciencia: «¿Cómo te sientes?». Cuando se vuelve hacia la cámara y dice: «Bien, Jerry, esto es todo sobre la última hora de la tragedia ocurrida aquí, volveremos», tiene el aspecto de un gato antes de matar al ratón.

De alguna profunda, oscura manera, todos nos hemos vuelto morbosos en relación al desastre; cuando hay una auténtica emergencia, se nos hace la boca agua. Huracanes, tifones, guerras, tiroteos, epidemias; nos excitamos un poco, porque ahora realmente tenemos algo en que pensar, en lugar de en nuestras monótonas vidas; algo hacia lo que desplazar el foco de nuestra lista de cosas para hacer. Tenemos una pequeña pausa para pensar: «Bueno, gracias a Dios no me ocurrió a mí». Entonces, volvemos a olvidarnos de eso después de varios días, y seguimos preocupándonos por la ropa que tenemos que recoger de la tintorería y la bombilla eléctrica que hemos de comprar. Se puede ver la desilusión en la cara de la gente cuando informan de que la intensidad del huracán pasó de 3.000 nudos a ser una suave brisa. Todos amamos el desastre; nada sabe mejor. El salvaje aún acecha por debajo, no importa la ropa que usemos.

Nosotros, los emocionalmente ineptos

Hemos creado cohetes para ir a la Luna, ordenadores que pueden… bien, dilo tú, y ellas pueden hacerlo, y Starbucks en cada esquina del mundo, pero la otra parte de nosotros, el fragmento emocional, todavía está en pañales. Emocionalmente andamos a cuatro patas, pastando con nuestros nudillos sobre el terreno, mirando ingenuamente por debajo de nuestra gran ceja. A muchos de nosotros ni siquiera les gusta decir la palabra que empieza con «E» (emoción), porque algunos pensamos que es un fallo de lo que, en caso contrario, sería la perfecta máquina humana. Las emociones están para ser erradicadas lo más pronto posible como una mancha o una pata de gallo.

Pero son esas ocultas emociones las que nos causan la mayoría de los problemas y aún no las hemos superado. Todavía somos sus esclavos cuando levantan sus feas cabezas.

Solíamos tener en alta estima a aquellos que conseguían las mejores notas en la escuela y que siguen siendo enormemente exitosos. (Los tiempos han cambiado. Ya no hay más un hombrecito en lo alto vendiendo jabón en polvo, ahora necesitas un MBA de Harvard solamente para ponerte los pantalones). Hemos aprendido que los más brillantes pueden ser los que más duramente nos aprietan las tuercas. Saben de matemáticas; sienten que pueden robarle al banco. Solemos confiar en esos tíos, pensamos que son como Superman. Para relajarse durante el fin de semana van a Alaska y esquian con descenso en helicóptero, a ellos no les basta con un simple doble diamante negro, ellos tienen que saltar de un avión. Para relajarme, yo mastico un hueso de pollo frente a mi televisor; ellos saltan desde un acantilado.

¿Quieres mi consejo? Si estás comprobando con qué personas quieres hacer negocios, pregúntales qué hacen para relajarse durante el fin de semana. Si te dicen heliesquí, apártate, no están bien mentalmente. La mayoría de las personas intelectualmente brillantes han tenido que sacrificar su ser emocional. Viven en una niebla de hechos, en raras ocasiones crean uno nuevo, tan sólo regurgitan todo lo que alguna vez han estudiado y se supone que hemos de pensar que eso es inteligente. Eso es una Wikipedia andante, no un ser humano. También puede indicar que no son los mejores de la clase en cuanto a moralidad. No sienten nada, de modo que pueden exprimirte hasta que te dejen seco, sin una pizca de remordimiento.

La envidia

Ésa es mi zona débil. Incluso en términos de éxito, me hierve la sangre, si súbitamente veo a alguien que tiene más que yo, siento esa patada en el estómago, esa puñalada en el corazón, que significa que quiero verlo muerto. Soy la primera en dar un paso adelante y admitir que deseo lo que tiene el otro. No importa lo que sea, yo lo quiero. A veces siento codicia por cosas que ni siquiera deseo. Estoy muy avergonzada por ello, pero en medio de la envidia, si accidentalmente tomo un ejemplar de *Tatler,*[26] *Hola* o *Harper's*[27] y veo a Lord y Lady Pomkelson Pompel Pomp sorbiendo champán y ladrando con sus sonrientes dentaduras en alguna inauguración de algo (me pegaría un tiro si estuviera realmente ahí), no puedo evitar esa sensación de la vieja rata de alcantarilla de la envidia bullendo bajo la superficie. Si alguna vez me has oído decir «Soy tan feliz de que hayas conseguido ese trabajo que yo siempre he querido tener», créeme, no sólo quiero que te mueras, sino también que toda tu familia sea barrida del mapa. Solía rasgar las páginas de la revista *Hello,* repitiendo, «Muérete, muérete, muérete».

Siempre estoy comprobando cuántos tuits tienen otras personas, comparados con los míos para volverme loca. Miro el Twitter de Stephen Fry[28] cuando me siento particularmente suicida. Siempre me inspira cuando necesito acumular envidia. Es como ese punto en tus encías que te duele cuando lo pinchas, pero no puedes dejar de hacerlo.

Si por lo menos los humanos tuviéramos un libro de cocina para ver cuáles son nuestros ingredientes. Podríamos consultar «envidia» y ver que todos nosotros la tenemos; viene con el envase humano. Es justamente una de esas cosas que nos mantienen vivos cuando recorremos la antigua sabana. Es parte del botiquín de supervivencia, de modo que si un *Homo erectus* tiene alguna atractiva piedra puntiaguda, todos la queremos y así es como nos hacemos con nuestra propia piedra puntiaguda, o mejor aún, le aplastamos el cráneo con un palo y le robamos la suya. Está en nuestra biología, ese sentimiento rastrero de desear lo que tiene el prójimo. Podemos verlo en el «hybris» de la tragedia griega. En cada una de esas tramas griegas, si alguien tuviera tantos humos, le caería encima la justicia

---

26. Con este nombre fueron editadas diversas publicaciones y revistas británicas. Cada una de ellas se ha denominado como la sucesora de la revista literaria original fundada en 1709. *(N. de la T.).*

27. Revista mensual estadounidense que trata temas políticos, financieros, artísticos y literarios. *(N. de la T.).*

28. Humorista, actor, director y escritor británico. Fue elegido por el periódico *The Observer* entre los cincuenta mejores cómicos de la historia. *(N. de la T.).*

divina, haciendo que se sacara sus propios ojos o que, accidentalmente, forzara a su madre y que después tomara veneno. Y ahora, organizamos fiestas para personas que han sido promovidas; pese a que algunos de nosotros afligidos deseemos que sean estrangulados.

La furia

Puede que tu zona emocional subdesarrollada sea el enfado, un trastorno muy común de la psique humana. Es el residuo que nos queda de cuando éramos gruñidores elementales, asesinos y colegas simios. Así es como eso se manifiesta ahora; tú te ves como una persona perfectamente civilizada, respetuosa de la ley, popular entre los amigos y ciudadano respetado. Entonces, algo en ti se da la vuelta y desencadena a algún alienígena rabioso que te trasforma de Jekyll en Hyde[29] en un segundo: puede ser un guardia de tráfico, puede ser tu secretaria que se olvidó de darte un mensaje, puede ser tu marido / esposa que otra vez se perdió porque él / ella no sabe leer un mapa de carreteras. De repente, tú estás irreconocible: tu labio superior se retrae, enseñas los dientes, tu garganta vomita un terrorífico ladrido cuando acosas verbalmente a tu víctima hasta hacerla polvo. Quieres machacarla, pero el miedo a la cárcel te sujeta por detrás con un hilo. Habitualmente, después del incidente, hay un reflujo, el veneno que has disparado vuelve directamente a ti y tu sufres una resaca de vergüenza y culpa hasta que desaparecen de tu sistema corporal o le pides a Dios que te perdone.

La decepción

No te trates con tanta dureza; todos hemos nacido también con eso. Si deseamos algo, tenemos incorporada la destreza para manipular la situación a nuestro favor. Podemos mangarle a alguien las posibilidades de

---

29. Referencia a la novela de R. L. Stevenson, *El extraño caso del doctor Jekyll y el señor Hyde*. Se trata de una sola persona con dos identidades: el libro es conocido por ser la representación de un trastorno mental, consistente en que alguien tenga dos o más identidades o personalidades opuestas entre sí. *(N. de la T.)*.

conseguir el trabajo, el socio, el dinero, di tú qué. Tenemos la habilidad de ser más astutos. Sabemos cómo sonreír, pero por debajo estamos conspirando para acabar con ello; hablando tras su espalda, pretendiendo estar contentos por ellos y, entonces, cortarles el teléfono. Bajo nuestra piel aún somos animales; miserables y tortuosos cuando se trata de sobrevivir. La evolución nos ha provisto incluso de expresiones faciales para despistar, de modo que podemos tener éxito con nuestra decepción.

Las expresiones faciales

Antes de que tuviéramos palabras, propagábamos las noticias con nuestras expresiones faciales y hasta hoy no importa en qué sitio del planeta estés o si has nacido ciego, a los diez meses de edad sabrás cómo estirar ambos lados de tu boca y sonreír; una sonrisa auténtica, no la de esa clase que emite la azafata de una aerolínea cuando le dicen a cada pasajero «adiós adiós adiós adiós adiós», como si tuvieran un problema de tartamudez. La naturaleza en su esplendor se aseguró de que la primera expresión que aprendiese un bebé fuera una sonrisa, porque si no sonriera arrojaríamos lejos a ese chillón globo de grasa (que ni siquiera puede ir solo al baño). Hasta hoy la gente te tolerará y hasta te querrá si sonríes. La gente del negocio del espectáculo tiene eso machacado en su interior, se cantan a sí mismos: «Sonríe pese a que tengas roto el corazón, sonríe aunque estés simulándolo… sonríe y el mundo sonreirá contigo».

Tanto si vives en Bora Bora como en Detroit, la expresión facial de enfado es la misma. Puede reconocerse por la retracción de los labios y enseñar la dentadura, que les indica a los demás que te los puedes comer si te presionan. Los dientes expuestos son para mostrar lo filosos que son. Lo blancos que sean es irrelevante. El gruñido desaparece una vez que aprendemos a jurar. Mostramos disgusto, haciendo aletear a nuestros orificios nasales y poniendo nuestras bocas de una forma «repulsiva» para demostrar a los que están alrededor que, por así decirlo, hasta aquí podíamos llegar. El miedo es fácil de detectar: el chillido con la boca abierta, los ojos desorbitados, son una buena clave como para que los que están cerca empiecen a correr. La sorpresa es aspirar el aire con la boca abierta, avisando a los demás de que algo no es como de costumbre.

47

Puede ser algo malo o bueno; es una especie de versión humana de la luz amarilla.

La risa comienza como un medio alarido de impactante respuesta al ver algo inesperado: un hombre resbalando a causa de la piel de un plátano. Tú tratas de expresar alarma, pero cuando te das cuenta de que el peligro ha pasado, de que sigue vivo, tus labios se delinean y los ojos se arrugan para indicarle a los demás que no hay una emergencia. El humor procede del impacto seguido del alivio, expresado por un ruido similar a un ladrido. Indica que es una broma, no una catástrofe real y el ladrido es tan ridículo, tan contagioso, que quienes están a tu alrededor también ladran y aplauden, todos uniéndose a la celebración de que la tarta en la cara no era nada serio. Todo el mundo está tan aliviado que ladran un poco más.

Hemos nacido con 47 músculos faciales que son los que crean nuestras expresiones. Todos los estados emocionales están visceralmente conectados a nuestros músculos faciales, de modo que podemos leernos el uno al otro, alto y claro, en lenguaje subliminal. Id a ver una película muda y volved a mí.

Desarrollamos las expresiones faciales no sólo para leernos el uno al otro, sino también para engañarnos el uno al otro. Por ejemplo, si encuentras carne y no quieres que nadie más la tenga, puedes fingir una mirada de disgusto, entonces todo el mundo se va y te quedas con la carne. Aquellos que fingen mejor son los que sobreviven y los bobos son los que se quedan al borde del camino. Esto sigue siendo así hoy en día. Esa cara de *shadenfreude*[30] es una de las más horribles expresiones. Significa estoy-tan contento-perdón-pero-fundamentalmente-estoy-feliz-de-que-hayas-sido-degradado- e incluso mejor-despedido. Si observas un rostro te lo dirá todo. Por ejemplo, tú no puedes fingir una sonrisa. Hay un músculo debajo del ojo, llamado el periocular, que no se activará si no estás sonriendo de verdad. La boca es fácil de elevar, pero si consideras que algo no es divertido, ese músculo periocular simplemente no se mueve; tus ojos están tan muertos como el de una trucha.

Aprender a leer los rostros debería ser obligatorio en las escuela, así podrías descifrar lo que la gente piensa realmente. Imagina si pudiéramos observar la credibilidad de los políticos cuando están mintiendo, todos

---

30. En alemán en el original. Alegría ante el mal ajeno. *(N. de la T.)*.

estarían sin trabajo en el curso de una semana. Alguien debería haber salido de la oficina de Bernard Madoff[31] gritando para alertar a otros (con la boca bien abierta y los ojos llenos de miedo y ensanchando sus fosas nasales para demostrar su disgusto): «¡Este hombre es un maníaco!». Entonces toda esa gente no habría perdido 50 millones de dólares. Si se nos hubiera enseñado en la escuela cómo leer los rostros, podríamos haber descubierto a esos sociópatas prestamistas hipotecarios y darnos cuenta de que tenían ojos de lagarto.

Los celos

Deseo que podamos expresar esa emoción como lo hacen los niños. Si alguien consigue algo que tú quieres, simplemente le pegas en la cabeza y se lo quitas. Es por eso que los niños son tan poco neuróticos. Ellos hacen lo que nosotros únicamente soñamos hacer.

El camino hacia la sabiduría

La primera cuestión en el camino de la sabiduría es enfrentarnos a nosotros mismos honestamente. La gente suele llamar a esto revelar el alma, yo lo llamo mirarse en el espejo y dejarse de tonterías. He aquí cómo yo leo la situación. Tú puedes verla de un modo totalmente diferente, pero soy yo quien está escribiendo este libro, de modo que voy a dar mi opinión.

Debido a esas tuberías averiadas, nosotros somos ansiosos, iracundos, miedosos, estamos estresados y deprimidos y tratamos de echarle la culpa a lo que está ocurriendo en el mundo. Lo culpamos del cambio climático, los musulmanes, los judíos, los blancos y a todo aquel que resulte ser presidente o primer ministro. Los nombres cambian, vienen y van; nosotros los odiamos a todos. Los amamos en los comienzos, después cambiamos de opinión y decimos: «Este desastre es culpa de ellos». Pero yo te digo:

---

31. Presidente de la firma de inversión que lleva su nombre, fundada en 1960. Fue una de las más importantes de Wall Street. En 2008 el banquero fue detenido por el FBI y acusado de fraude y estafa a numerosas instituciones y personas. (N. de la T.).

nosotros los pusimos ahí, los votamos. El problema reside en nosotros, siempre estamos en conflicto, y así es como vemos el mundo. Dentro de nuestras cabezas siempre se desarrolla una guerra. Bob Geldorf[32] dice: «Somos el mundo». Lo somos, él no lo piensa de una manera desagradable, pero yo sí. Todo es culpa nuestra; ninguna otra persona está en el asiento del conductor, sólo nosotros.

Mucha gente quiere cambiar el mundo; no quiere cambiarse a sí misma.

La sabiduría no es algo sobre lo que alguna vez escribirán en *Vogue* o puede vender Harvey Nichols.[33] Me gustaría que fuera así, sería tan conveniente mientras compramos zapatos. Solíamos tener personas a las que hacerles estas importantes preguntas existenciales. ¿Dónde están ahora? Sin trabajo, como todos los demás.

«La vida no tiene sentido, Dios ha muerto». Oh, por favor, ya estoy bastante deprimida. Imaginad que Sartre se levantara, todos se cortarían las venas. La mayoría de nosotros no tenemos abuelas ancianas chamanes sentadas en cuclillas, con sus pechos apuntando al suelo, emitiendo su sabiduría. Mi abuela ni siquiera podía decirme dónde había dejado su dentadura, y menos aún alguna cosa sabia.

Empleamos toda la vida en perseguir la sabiduría. En la infancia durante los «días felices», nuestro mayor reto es sacudir el orinal, hasta que la caca llega hasta el ventilador. En la época en que alcanzas la veintena estás impulsado por el estrés de que tienes que acabar siendo alguien especial. Está claro que algunos se rinden y, simplemente, echan raíces en sus sofás, pero la mayoría de la gente joven siente que tiene que encender el motor e ir a por el oro. En tu treintena estás luchando por conservar lo que has conseguido y a los cincuenta ya sabes que se lo llevarán. Y ahí es donde el camino se bifurca y tú te vas hacia el vino o hacia el vinagre.

Si vives lo suficiente, puede ocurrir un milagro. Si llegas a los 83 y medio, justo cuando pareces una pintura andante de Lucian Freud, puede que te conviertas en sabio. Pero tiene que ser así de tarde: no puedes ser un niño y ser sabio, una vez más ésas son las leyes de la naturaleza. Pero si

32. Cantante, compositor, actor y activista político irlandés. *(N. de la T.)*.
33. Cadena comercial especializada en productos de moda, perfumería, etc., de alta gama. *(N. de la T.)*.

lo haces a los 83 y medio y no estás abrumada por el medio, que te hace retroceder hacia tu pasado, aburriendo a todos sin sentido, y si tu mente se mantiene ágil y curiosa y le haces preguntas a la gente y escuchas sus respuestas, y si dejas drenar todo tu narcisismo, resentimiento, arrepentimiento y envidia hasta que te das cuenta, finalmente, de que el mundo estará bien sin ti, entonces, eres un sabio.

Mi búsqueda de la normalidad

Quizás hasta ahora he sido muy negativa en este libro. Doy por sentado que estoy escribiendo acerca de nuestro malestar generalizado; lo que todo el mundo siente en su profundo interior. Puede que me equivoque, anteriormente he hecho mal las cosas y admito que no soy una experta en lo que siente la gente «normal», si en realidad existe. De modo que me disculpo si te estás preguntando: «¿De qué demonios sigue hablando? Nosotros no pensamos nada de eso. Vivimos una vida saludable y feliz. Vamos a darle este libro al Tío Chiflado».

No era mi intención ofender a ninguno de vosotros. Al contrario, soy una gran admiradora de las personas que creen que son normales, me fascinan. Siempre he pensado, ¿es posible sentirse como parece sentirse Tony Robbins?[34] Confiado, positivo, fluyendo con amor hacia sí mismo, con su gran dentadura de pared a pared y sus grandes genitales. (Sobre esto estoy adivinando, pero tiene una gran nariz y conecto ambas cosas). ¿Qué es lo que le da tanta seguridad en que tiene razón? ¿Realmente se cree el guión que suelta por la boca? ¿Es eso normal?

Escucho a escondidas de forma obsesiva en lugares públicos (bares, trenes, autobuses, restaurantes) con mi oreja prácticamente sobre la ensaladilla de frutas en busca de lo que puede ser normal. Oigo una conversación en un bar: un grupo aparentemente normal de viejos colegas, de compañeros de equipo que trabajan juntos haciendo válvulas para la recogida de basura, ha salido a celebrar los prometedores premios a la fontanería, motivo por el cual se han reunido. Parecen tan contentos con

---

34. Autor y orador de motivación y autoayuda. Muy conocido por sus charlas y el libro *Poder sin límites. (N. de la T.)*.

su suerte; una manada feliz en su charco, chocando sus copas, brindando los unos con los otros por el hecho de que pueden ganar el premio al «Plumbing Team of the Year» (Equipo de maestros fontaneros del año), fantaseando con que sus nombres sean dichos en voz alta, golpeando al aire con sus puños cuando oyen sonar la música en sus cabezas: «Eres el mejor», y luego cada uno de ellos hace un breve discurso asqueroso acerca de cómo no hubiera podido hacerlo sin su equipo, posando para una foto imaginaria, dándose cada uno al otro palmadas en la espalda. ¿Es eso normal?

He oído a una chica de la mesa de al lado en un restaurante jadeando por la excitación cuando le pedía a su amiga que fuera la madrina de honor en su boda y a la amiga estallar en lágrimas y parlotear acerca de cómo ella iba a ser la mejor madrina de honor que haya existido jamás, y que no veía la hora de ayudar a elegir el color de las servilletas… ¿Es eso normal?

Estoy sentada en la recepción de un hotel y escucho a dos cigarrillos, en cuyos extremos hay dos gordos, cotorreando sobre el precio de la vivienda, lanzando porcentajes de aumento y bajada del mercado, con total confianza en que tienen razón. ¿Cómo puede alguien saber con seguridad cuánto subirá o bajará el precio de una casa, y a quién le importa? ¿Es eso normal?

Todos son expertos, excepto yo

En las cenas de gala, oigo a la gente engancharse en debates sobre cómo resolver la crisis de Oriente Medio como si fueran expertos. «Esto es lo que le diría a los talibanes». El presidente y sus asesores no pueden resolverlo, pero esa gente «si me lo preguntas» presume de saber cómo hacerlo. Basan su amplia sabiduría en el mismo periódico que lee todo el mundo; pero ellos tienen la respuesta. ¿De dónde procede esa confianza? En el mundo entero cada cual es un «experto». En este mismo instante debe de haber 64 billones de expertos tomando café y dando su opinión sobre el cambio climático, el desarme nuclear, la obesidad y la lucha contra las drogas.

En una ocasión estaba sentada junto a un hombre que me hablaba acerca de lo que pensaban los holandeses flamencos durante la Segunda

Guerra Mundial. Yo estaba empapada en sudor, pensando: ¿Debería conocer esa información? Creerá que soy una idiota cuando descubra que no sé nada sobre el asunto y me hará un cuestionario? Ni siquiera sé dónde está Flamencolandia. Tengo que estar aquí sentada, muerta de aversión por mí misma, mientras el experto flamenco se saca más información de la manga.

Esta exposición del hecho memorizado del «expertísimo» es como determinamos quién es el alfa en la mesa de la cena. Dar una conferencia sobre los flamencos a gente que no tiene ni idea sobre el tema, es lo mismo que el jefe de los gorilas golpeándose el pecho para demostrar quién es el amo. El tipo flamenco éste, de alguna manera, percibió que yo no sabía nada y que me estaba hundiendo en un montículo de autoodio, de modo que se sintió victorioso: había ganado ese asalto hasta que se encontrara con alguien que fuera más experto que él en cuestiones flamencas.

La gente descubre un trozo de conocimiento y vive la vida reuniendo ciegamente su montón de información, y después aburre absurdamente a los demás con los detalles.

Para ser honesta, la principal razón por la que presto atención es para encontrar a alguien que pueda aparecer con alguna revelación trascendental, y entonces yo gritaré, «¡Ajá, bingo! Ésa es la respuesta al por qué existimos». Aún no me ha ocurrido, pero siempre estoy alerta. Mi sospecha es que todos nos estamos preguntando cómo es sentirse «normal»; todos creyendo que el tío de al lado lo sabe, pero nosotros no. Puede que ésa sea sólo mi manera de pensar, de modo que disculpad si no estáis de acuerdo. Sé que todos queremos ser felices y empleamos una gran parte de nuestras vidas a la caza de la clave. No importa lo poderosos o exitosos que consigamos ser, incluso entonces no podemos averiguar cómo debemos lidiar con una mente que nos mantiene en vela por la noche, llevándonos hasta el agotamiento. Esto no es solamente para aquellos a los que se considera locos, es para todos nosotros. Sólo deseo que podamos salir y decir cómo nos sentimos realmente; sé que me aliviaría mucho.

SEGUNDA PARTE

¿QUÉ ES LO QUE ANDA MAL EN NOSOTROS?
Para los locos-locos

LA DEPRESIÓN: LOS CEREBROS ROTOS

Voy a empezar con mi propia historia, dado que a lo largo de mi vida he tenido siempre crecientes episodios de depresión. Tengo la esperanza de que otros puedan sentirse identificados aunque no hayan tenido la enfermedad. Todos estamos, por momentos, a merced de nuestras más compulsivas y temibles emociones y no tenemos medios para hallar una vía de salida.

Mi historia

Era el Día Internacional de la Salud Mental y fui convocada por la División Mundial de la BBC para hablar sobre la depresión. Yo lo estaba pasando muy mal, pero no quería decirlo, pese a que estaba hablando acerca de la necesidad de acabar con el estigma. Durante la entrevista llevaba puestas las gafas de sol y debería habérmelas quitado y decir: «¿Quieres saber cómo es la depresión? Aquí está». Estaba demasiado enferma para pensar algo ajeno a lo establecido, mi única preocupación era atravesar por la situación sin estallar en el aire.

Tan pronto como acabé el programa, le pedí al conductor que me llevara a The Priory,[35] a ver a mi médico, Mark Collins, para que

---

35. Institución médica con 275 hospitales para tratar trastornos mentales y de conducta. (*N. de la T.*)

me aumentara la medicación. Esto ya había ocurrido pocos años antes, cuando sufrí una depresión mientras estaba filmando un programa de televisión y lo había ocultado reiteradamente. El programa era sobre diversas enfermedades mentales y cada semana filmábamos en mi casa. Cuando sonara el timbre, habría allí alguien con un TDAH (trastorno de déficit de atención e hiperactividad), esquizofrenia, TOC (trastorno obsesivo-compulsivo), trastorno bipolar, bulimia, dismorfia corporal, lo que tú quieras, yo lo tenía en mi casa para tomar el té. El problema fue que durante los primeros programas yo tenía que estar en The Priory y no quería que nadie lo supiera por miedo a perder mi trabajo. Mi marido venía a recogerme; el resto de ingresados me miraban como si estuviera loca (un precio alto para los expertos) cuando era llevada a casa para entrevistar a alguien con una enfermedad mental, sin decir una palabra acerca de lo enferma que estaba yo misma. Cuando terminaba, mi marido me llevaba de vuelta, yo me ponía el pijama y me iba a la cama.

Soy reacia a insistir acerca de la depresión. La gente se queda perpleja; puedes ver cómo se ponen a pensar: «Oh, ya está otra vez parloteando sobre "la oscuridad"». Una vez que no te atreves a decir «gay», y antes de eso no podía decir la palabra que empieza con «C»[36] y aun más atrás ni siquiera puedes mencionar que fuiste una zorra, el último tabú es hablar de la depresión.

Y no es que sea algo que le ocurre a una pequeña minoría, le ocurre a uno de cada cuatro de nosotros, entonces ¿dónde están todos? Si no eres tú, probablemente es un familiar o un amigo tuyo: todos conocen a alguien. La frase que pronuncia Hamlet: «¡Oh!... ¡Que esta masa de carne sólida, excesivamente sólida, no pudiera derretirse, deshacerse y disolverse ella misma en rocío!»,[37] debe de ser una de las más ajustadas descripciones de la depresión (si un psiquiatra te oyera decir esto te estabilizaría con

---

36. Se refiere a la inicial de la palabra vulgar usada para mencionar la vagina. *(N. de la T.).*
37. Hamlet, de Shakespeare; Acto 1.º, escena V, en traducción de José María Valverde. *(N. de la T.).*

medicación en segundos). Parte del estigma reside en el hecho de que la palabra «deprimido» representa un tipo de sentimiento «con el ánimo por los suelos». La tristeza o la desdicha son absolutamente normales, si algo no salió como tú querías o si alguien ha muerto.

La depresión es un animal completamente diferente; no es coherente con una determinada situación. Si hay algo que recibes gratis junto con esta enfermedad es una verdadera sensación de vergüenza; viene incluida en el paquete. Y te sientes tan extremadamente avergonzado porque piensas: «No he sido bombardeado, no vivo en un distrito segregado». Tus pensamientos te castigan tanto por tu egoísmo –como las bombas que cayeron sobre Dresde[38]–, son tan ruidosos, tan despiadados, que no recibes una sola voz sino 100.000 voces insultantes; como si el diablo tuviera el síndrome de Tourette.[39] A la depresión no le importa si tú eres famoso, si vives en una choza de barro o de qué cultura procedes, ella ama a todos por igual.

Aquellos de vosotros que la sufrís sabéis que nosotros sólo necesitamos mirarnos uno a los ojos del otro para reconocer instantáneamente que tenemos la «enfermedad». Es como un apretón de manos secreto. Tú puedes leer en voz alta y clara la depresión, mirando los ojos de quien la sufre; no es posible equivocarse, tiene la mirada de un tiburón muerto. La mayoría de la gente no mira detenidamente, de modo que se pierden ese detalle. Los maestros suelen ser entrenados para advertir esa mirada en sus alumnos, para ayudarlos antes de que se produzca el «cortocircuito» o, lo que es peor, un suicidio.

---

38. Ciudad alemana que al final de la Segunda Guerra Mundial fue intensamente bombardeada por las fuerzas aliadas, dejando el recinto histórico reducido a escombros. *(N. de la T.)*.
39. Enfermedad que se caracteriza por los múltiples tics transitorios o crónicos y en algunos pacientes por hablar de forma obscena. *(N. de la T.)*.

Mi historia

He aquí una coincidencia. Estoy teniendo un ataque de depresión ahora mismo, mientras escribo este libro. De modo que simplemente voy a escribir mi experiencia tal como está sucediendo. Si fuera un episodio agudo no sería capaz de teclear estas palabras; no sería capaz de conectar un pensamiento con el siguiente, ni siquiera podría comprender el sentido de las palabras; enterraría este ordenador en un armario y me sentaría en una silla a la espera de que me ingresen en una institución.

Afortunadamente, debido a la práctica de Mindfulness, tengo un sistema de alarma. No puede eliminar la depresión, pero me permite oír el sonido de la alarma antes de que me coma viva. Es por eso que sigo escribiendo. Soy consciente de que estoy justo en el umbral de la depresión, pero puedo oír a lo lejos el ruido de las pisadas de los pensamientos negativos, despectivos, como si una tribu zulú se estuviera arrastrando hacia mí.

Hay ciertas claves de que algo anda mal porque sólo puedo dormir dos horas seguidas y al despertar siento terror; tan pesado como un peso en mi pecho. Mis movimientos están limitados y el recorrido hasta la ducha es como prepararse para un decatlón. Tengo que levantarme el ánimo con frases tales como: «Vamos, Ruby, puedes hacerlo, un paso cada vez. Es sólo tu enfermedad, no eres tú. Volverás, es solamente una enfermedad». Y entonces, por supuesto, soy consciente de la infame lista de «cosas por hacer», que comienza a parecerse a la gigantesca roca rodante tratando de alcanzar a Harrison Ford en la película *En busca del arca perdida*. Intento averiguar por qué siento la misma compulsión que un hombre bala de salir y comprar las cosas de la lista. Trato de cuestionar al pensamiento que me dice, «si por lo menos pudiera hacer las cosas de la lista, estaría bien».

Otra tortura mental surge del hecho de que soy continuamente perseguida por la idea de lo vieja que soy y los muchos años que he perdido. He estado haciendo eso periódicamente desde que cumplí los 40; ahora lo hago todo el tiempo. Cada día busco signos de mi deterioro y, al encontrarlos, siento como algo inminente mi propia muerte.

También me he vuelto obsesiva con la necesidad de comprar fundas para cojines a rayas azules y blancas. (La vergüenza, la vergüenza). He dedicado seis horas a escanear fundas náuticas y a perseguir algunas en Canadá y otras en México; me llevó otras cuatro horas averiguar cómo se utiliza la tarjeta de crédito, de tanto como temblaba. Algunas ya me las han enviado y son demasiado pequeñas, mucho más que en la fotografía de la red y me costaron 120 euros. Quisiera devolverlas, pero estoy paralizada por la certidumbre de que no sé cómo hacerlo. Ahora me consume el autoodio; he empleado todo ese tiempo en elegirlas y ahora se ven como trozos de papel para empapelar a rayas; baratas, horribles. Me quedo con la imagen en la cabeza de mis cojines rayados ideales, con la fijación de dónde poder localizarlos.

Ya tuve esa obsesión recientemente con las lámparas. Llegué a Londres y, de verdad, hice que el conductor del taxi parara en el camino desde el aeropuerto, salté por encima del nutrido tráfico y estuve a punto de ser embestida por un camión, para ir a una tienda de lámparas. No tenían exactamente lo que yo imaginaba, de modo que volví a hacer lo mismo seis veces. Le dije al conductor del taxi que era una emergencia (¿qué emergencia puede haber en Habitat?). Finalmente, compré una lámpara redonda de plástico para jardín, con la que me equivoqué. Cambia de color y es espantosa. De modo que todavía estoy a la búsqueda de una lámpara, pero ahora también necesito esas fundas de cojines. Estuve haciendo un trabajo en Irlanda, que es la razón por la que estaba yendo desde el aeropuerto a casa, y no había visto a mis hijos desde hacía tiempo. ¿Y qué es lo que estaba haciendo? Saltando de tienda en tienda para encontrar lámparas.

¿No te odiarías a ti mismo si esa persona fueras tú?

El sentimiento es como si fueras un cadáver, no sientes la piel ni las extremidades, como los dedos o las piernas. Yo soy esa cosa vacía ahora y, honestamente, no tengo recuerdos de lo atrevida que era hace tan sólo la semana pasada. Ahora nada es algo, y todo es la nada, sólo los cañones de la presión estallando en mi cabeza. Es como si tu antigua personalidad fuera aspirada tan lentamente, que no te das cuenta de que se ha ido. Ha sido sustraída muy lentamente y cada día te acuerdas menos y menos de quién has sido y lo que sientes.

Quiero hacer el intento de ir a John Lewis,[40] pero sé que voy a llegar y estaré vagabundeando como una nómada, perdida e incapaz de recordar por qué fui allí. Eso es por lo que la gente piensa que la depresión es algo que tú produces; ¿cómo puedo convencer a alguien de que mis pensamientos me bombardean con artículos para el hogar? Ésa puede ser la razón de que haya un estigma, porque cualquiera en sus cabales diría: «¿Qué demonios es lo que está mal en ti? ¿Por qué íbamos a donar dinero para la investigación de una cura cuando el problema es conseguir un cojín? ¿Se supone que debo tomarlo en serio?». Dirían, «¡Anda ya!, la gente se muere de cáncer». No querrían saber nada de un cojín si surgiera el tema y les hablara de ello. Quiero explicarles que la *voz* diciéndome que consiga un cojín es la enfermedad. La gente no se suicida porque no pueda conseguir un cojín, pero la sensación de desamparo, la sensación de que tu cerebro, y sus órdenes demenciales, ya no te pertenece puede llevarte al borde de un precipicio con tal de conseguir tener cierta tranquilidad.

Tal como he dicho, yo sólo estoy al pie de la colina pero me basta con advertir cuáles son mis pensamientos para saber en unos segundos que ellos son la enfermedad; que ellos no son yo. De modo que estoy inmersa en la depresión hasta las rodillas, todavía no me ha cubierto la cabeza. Te mantendré informada aunque, en cualquier caso, quizá sepas por qué puede que este libro jamás se termine de escribir.

---

40. Cadena de tiendas del Reino Unido extendida a muchos otros países. *(N. de la T.)*

Al DÍA SIGUIENTE SIGO DEPRIMIDA

Estoy de nuevo escribiendo al día siguiente y, ayer, después de la infructuosa cacería de la lámpara y los cojines, mi amiga Kathy Lette[41] me invitó a que fuera a cenar con (no te estoy mintiendo) Gordon y Sarah Brown, Neil y Glenys Kinnock y Jemima Khan.[42] Estoy tan enloquecida que mientras Kathy me está invitando, yo sigo mirando cojines en Internet.

En los viejos tiempos, en este punto de mi depresión, hubiera corrido escaleras arriba para vestirme, pensando que necesitaba conocer a esa gente por alguna razón. Hubiera barrido de un plumazo el hecho de estar enferma, saltado al coche y conducido salvajemente, sudorosa, del todo perdida y chocando varias veces antes de llegar, tratando de parecer despreocupada. Luego habría bebido demasiado para superar el temor de que los demás viesen que soy una idiota y que no sé nada. Ellos estarían hablando del Partido Laborista, mientras yo estaría vomitando por dentro y tratando de añadir algo esclarecedor a la conversación de esos líderes del laborismo. Hubiese acabado la velada borracha, casi desmayada, tratando de ser graciosa, tomando el control de la situación y balbuceando lo mucho que amaba a mi perro muerto. De algún modo, volvería a encontrarme en casa, sin saber cómo había llegado y pensando en el suicidio.

AL DÍA SIGUIENTE

Así pasa otro día y me levanto exhausta recordando que mi charla para TED (Technology, Entertainment, Design: Tecnología, Entreteni-

---

41. Escritora y guionista australiana, conocida por sus novelas románticas, además de varias obras de tipo erótico. *(N. de la T.)*.
42. Los asistentes a la cena son un exprimer Ministro británico, un exlíder del Partido Laborista inglés, y una rica heredera, periodista y editora de la revista *Vanity Fair,* que estuvo casada con un famoso jugador de *cricket* paquistaní y filántropo que más tarde se dedicó a la política. *(N. de la T.)*.

miento, Diseño) se emite hoy y yo estoy en el nivel 10 de ansiedad, suponiendo que nadie va a verla y que aquellos que lo hagan
van a pensar que ahora TED está emitiendo a idiotas. Me siento
como si estuviese andando entre los leones del Coliseo, porque sé
que, por más importante que pueda sentirme por estar en TED,
inevitablemente allí estará presente –justo en el ángulo de la toma
que me han hecho– esa desgarradora angustia de pensar que la
audiencia me dedicará un unánime pulgar señalando hacia abajo.
Sé que siempre que pasa algo bueno o realmente he logrado algo
y siento un atisbo de orgullo, de inmediato el karma me patea el
trasero. Ahora, también, lo más importante: he decidido que debo
tener una alfombra blanca que haga juego con los cojines. Tuve una
que se me perdió y le grito a todo el mundo en casa, porque estoy
convencida de que alguien la robó: «¿Quién ha sido? ¿Quién se la
llevó?».

Ahora estoy googleando alfombras, ignorando a mis hijos que
quieren decirme algo, pero yo tengo que encontrar la perfecta y,
cuando veo alguna que me gusta, uso esa pequeña lupa sobre la
foto, que te permite ver de cerca a una pila de ellas, con una mano
acariciándola (solamente una mano, no un cuerpo) arriba y abajo,
como si la pudieras sentir tú misma. Estoy evaluando la sensación
que da y, entonces, me muevo hacia otro sitio para imaginarme
cómo se sienten otras alfombras.

En ese momento mi único alivio es la imagen de los cojines
a rayas azules y blancas; cuando pienso en el azul me siento más
tranquila, de lo contrario, no puedo ver colores, el mundo en mi
interior es blanco y negro. Desearía que fuera una imagen de algo
inspirador o sagrado, en lugar de un cojín, pero sólo te digo esto
para que tengas una idea del peso tan obsesivo y mentalmente pa-
ralizante que supone padecer esta enfermedad.

Cruzo los dedos para que pueda encontrar los cojines, la lámpara y la alfombra.

Los datos sobre la depresión[43]

- Actualmente el coste económico anual de las enfermedades mentales en el Reino Unido es de 88 billones de euros, lo que equivale a todo el presupuesto nacional de salud.

- La Organización Mundial de la Salud predice que en 2030 habrá más gente afectada por la depresión que por cualquier otro problema de salud.

- Ya afecta a más personas que todas las enfermedades físicas en su conjunto.

- La enfermedad mental representa cerca de la mitad de los beneficios que se otorgan por incapacidad en el Reino Unido. La cifra oficial es el 44%.

- El Foro Económico Mundial estima que el coste global de las enfermedades mentales será de alrededor de 20 trillones de euros en 2030. Los trastornos depresivos unipolares son la tercera mayor carga mundial.

- La enfermedad mental afecta a la gente de forma temprana (el 50% de los casos ocurre a los 14 años).

- Los problemas de salud mental incrementan el riesgo de padecer una enfermedad física. Las personas que sufren esquizofrenia y trastornos bipolares mueren a una media de edad de entre 16 y 25 años antes que la población en general.

- Los datos acumulados de seis países europeos señalan que el 17% de la población ha informado sobre alguna experiencia de depresión sufrida en los últimos seis meses.

---

43. Los datos que se ofrecen corresponden al año de edición del libro en el Reino Unido: 2013. *(N. de la T.)*.

- Un 10 % de la población de Estados Unidos sufrió depresión clínica en algún momento durante el año pasado y entre el 20 y el 25 % de las mujeres y el 7 y el 12 % de los hombros la sufrirán a lo largo de su vida.

¿Qué hacemos con respecto a la depresión?

De modo que he aquí la pregunta del millón: ¿qué hacemos con respecto a la enfermedad mental? Si la terapia y las drogas funcionan, ¿por qué se están incrementando estas enfermedades? ¿Y cómo puede hacer un médico un diagnóstico correcto en diez minutos? Cada uno de nosotros es diferente. Y somos muy complejos, ¿cómo hallarán el cóctel apropiado para ti? La posibilidad de acierto es de una entre un millón, especialmente si las drogas son antiguas (tomar un antidepresivo es como quemar todo el bosque porque un árbol está enfermo), pero hasta el momento es todo lo que tenemos.

Compañeros de sufrimiento me han preguntado cómo tratar sus enfermedades. Aquí está. Esto es lo que diría a todos los que tengan una enfermedad mental, ellos o algún miembro de su familia, amiga o compañero de trabajo que la sufre: diles que encuentren a alguien que la haya tenido, sea cual sea el trastorno. No es difícil localizarlos: son uno de entre cada cuatro de la población, ¿lo recuerdas? No necesitas ser un Sherlock Holmes.

La mitad de la cura consiste en darte cuenta de que no estás sola, de que esa «enfermedad» realmente existe, como cualquier otra enfermedad física; no la estás inventando y no eres alguien autoindulgente, obsesivo, narcisista que está buscando compasión o una excusa para no presentarse en el trabajo o en la escuela. Encuentra a alguien que comparta tu dolor. Ve y localiza lo que yo llamo «desgraciado camarada», uno al que siempre puedes llamar, de día o de noche, cuando ya no puedes soportarlo.

Si hablas con las personas que no lo entienden, ellas van a asentir y te dirán cuánto lo sienten, y que te trates y te sentirás mejor; pero ellas no pueden sentirlo y eventualmente se aburrirán o, en casos extremos, te dejarán. (Así es qué mucha gente me ha dicho que ha sido abandonada cuando estaba en una profunda depresión). Si encuentras a alguien que ha tenido lo que tú tienes, ese alguien nunca se aburrirá; hablará sobre drogas, voces y angustia contigo hasta que las ranas críen pelo. Se relacionará y sintonizará contigo, sosteniendo tu mano a lo largo de la agonía.

Mis sugerencias (una diatriba)

Alcohólicos Anónimos tiene un sistema por el cual tú llamas a tu «colega» cuando sientes que quieres beber y los colegas te apoyan. ¿Por qué nosotros no podemos tener sitios de encuentro como AA, donde todos se reúnen para dar sus doce primeros pasos y toman pastas y fuman? ¿Cómo organizan tan bien esas reuniones? Tienen lugares de reunión en cada esquina de todas las manzanas; hay más lugares que Starbucks y esa gente son borrachos. ¿Cómo lo resuelven todo? Nosotros estamos tan discriminados como los alcohólicos; si alguna vez escribes que sufres de un trastorno mental en tu CV, buena suerte si consigues tener inserción laboral. Si diriges una empresa y te tomas más de seis meses libres por un problema mental, te despedirán. Puede que sea contrario a la ley, igual que lo es si alguien tiene una discapacidad física.

Los homosexuales cambiaron de rumbo durante mi período de vida, ahora están en todas partes: son políticos, directores de empresas, generales, señorías, peluqueros... Vamos a descubrir dónde guardan sus viejas banderas con los colores del arcoíris, los tacones y los tutús que utilizan durante los desfiles gays, pongámosnoslos y marchemos al Parlamento con horcas, gritando: «ESTAMOS MENTALMENTE ENFERMOS, SOMOS UNO DE CADA CUATRO Y NOS SENTIMOS ORGULLOSOS. CAMBIAD LAS LEYES. SOMOS IGUALES QUE CUALQUIER OTRO». Puede que si hiciéramos eso no tendríamos que resignarnos más al aislamiento, temblando en el caso de que alguien que conocemos lo descubriera, o peor aún que alguien en el trabajo lo averiguara, por lo que seríamos despedidos (la empresa probablemente diría que por otras razones) o tratados como personas con Ébola. Bien, ésa es mi propuesta. La tomas o la dejas. Mi diatriba política ha terminado.

La realidad de la enfermedad mental: en el cerebro

La depresión es el resultado de que algo anda mal en algún lugar del cerebro. Sólo percibimos el mundo exterior a través de nuestro cerebro: todo lo que sueñas o creas, aquello por lo que te ríes o lloras, tu esperanza o lo que imaginas, a quién idolatras o amas, tanto si bailas zumba, saltas con pértiga, haces pastel de calabaza, sostienes un banco, todo es por alguna actividad cerebral.

Te daré unos cuantos ejemplos de algunas de las ramificaciones físicas que afectan a tu comportamiento si recibes un golpe en alguna región específica del cerebro o si sufres un tumor.

Si, por ejemplo, sufres una lesión en un área del lóbulo temporal, eso puede tener como consecuencia el síndrome conocido como prosopagnosia o agnosia (ceguera) visual. Esto significa que ya no serás capaz de reconocer la cara de la gente. De modo que tu madre puede estar frente a ti y tú no tendrás ni una pista de quién es esa mujer, pese a que puedes verla claramente. (Desearía tener ese problema).

El síndrome o mal de Capgras también es provocado por lesión en los giros fusiformes, pero en este caso tú estás bajo la ilusión de que tu madre es una impostora. Dirías que esa persona se parece a tu madre, pero que no es ella, que es alguien idéntico. Se cree que esto se produce cuando las vías cerebrales que conectan las áreas del proceso de reconocimiento de las caras con el sistema límbico han sido cortadas o dañadas. Si tu madre te llama por teléfono, reconocerías su voz, pero si está frente a ti, no creerías que es ella.

Otro ejemplo de cables cruzados en el cerebro, que produce un comportamiento anormal, es lo que se conoce como sinestesia. Puede trasmitirse genéticamente y el resultado es que tus sentidos están confundidos. Si, por ejemplo, alguien toca al piano una nota D, puede ser percibida como amarillo, o E se percibe como granate. Otros pueden ver los números como colores. Dicen que Einstein tenía eso; debía de haber un espectáculo de luces psicodélicas en su cerebro. Una vez más, esto no es producto de la imaginación, sino producido por una lesión o por factores genéticos.

Otro síndrome conocido como asimbolia del dolor también es debido a una deficiente conexión; tiene como consecuencia que una persona responde al dolor con risas incontrolables. Una persona que sufra el trastorno Pica comerá cosas no comestibles; piedras, botones, juguetes, puertas, relojes, cojines a rayas blancas y azules (Dios me perdone).

Una lesión en el hemisferio derecho del cerebro puede afectar a la parte izquierda del cuerpo (el cerebro derecho controla la parte izquierda del cuerpo, y viceversa). Si tienes dañado el lado derecho, no atenderás a lo que se presenta frente a ti del lado izquierdo. Ambos ojos estarían bien, pero tu cerebro no procesaría ninguna información procedente del campo visual izquierdo. En realidad, en los peores casos, ignorarías el lado izquierdo del mundo. Solamente comerías la comida que está en el lado derecho de tu plato y no verías la que está en el lado izquierdo. Si eres una mujer sólo te pintarías el lado derecho de la boca. (Esto puede ser increíblemente divertido, pero es mejor no reírse de las personas que tienen este síndrome. Si lo haces, hazlo del lado izquierdo porque no querrás ser visto).

Después tenemos la realmente extraña somatoparafrenia. Esto es cuando tú te sientes desdichada con cierta parte de tu cuerpo, de modo que pides que te la extirpen; por ejemplo, un brazo o una pierna, habitualmente no tu cabeza. Tienes el delirio de que ese miembro o lado de tu cuerpo no te pertenece. Eres consciente de ello; sólo que no parece ser parte de ti. Este trastorno requiere que se haya producido un golpe verdaderamente fuerte en la cabeza, una apoplejía o epilepsia en el hemisferio derecho, especialmente en la unión temporoparietal, que es también la zona responsable de las así llamadas experiencias extracorporales. De manera que la sensación de que estás flotando por encima de tu cuerpo, mirándolo desde afuera, puede ser repetidamente evocada, estimulando esa parte del cerebro en un laboratorio. ¿Cuántos billetes a India habrían sido arrojados por la ventana si la gente supiera que puede conseguir largarse en un laboratorio?

He aquí mi trastorno favorito personal: el síndrome de Cotard. Quien lo padece afirma que él o ella está muerto. Si miras su cerebro en un escáner, puedes ver dónde está la lesión que causa estos pensamientos. Todos los sentidos se han desconectado de los centros emocionales del cerebro; nada tiene ninguna resonancia emocional, de modo que ahí hay una amputación completa de la realidad. Y así las personas asumirán que están muertas. Si los pinchas con un alfiler y sangran, se sorprenderán y concluirán que los muertos también sangran. Hace unos cien años, el paciente hubiera sido tildado de loco y, antes de eso, quemado en la hoguera.

He aquí mi opinión: si el síndrome de Cotard se considera una disfunción neurológica que provoca que el enfermo se sienta muerto, ¿por qué la depresión que comparte el mismo circuito cerebral y los síntomas, no se toma en serio, eh? No tiene sentido.

Vilayanur Ramanchandran (para mí, uno de los más impresionantes científicos contemporáneos del cerebro) ha hecho exhaustivas investigaciones sobre estos trastornos y descubrió que la esquizofrenia puede también ser descrita fisiológicamente. Basándose en trabajos que hizo sobre la anosognosia, provocada por lesiones en el hemisferio cerebral derecho, descubrió que quienes la sufren se vuelven inconscientes de que están enfermos o que sufren deterioros. Pueden estar ciegos o paralíticos y creen que están perfectamente bien aunque se suban por las paredes. Lo interesante es que esos anosognósicos comparten síntomas con los esquizofrénicos, que no pueden distinguir entre lo que piensan o lo que imaginan y lo que realmente está ocurriendo en el mundo exterior; de manera que si están imaginando que ellos son María Antonieta y no son conscientes de la realidad externa, pueden realmente creer que son ella. Cuando los esquizofrénicos mueven sus cuerpos, con frecuencia no pueden decir si lo mueven por sí mismos o son movidos desde fuera; eso significa que pueden llegar a la conclusión de que quizás un alienígena o Jennifer Aniston están al mando.

Las investigaciones de imágenes cerebrales, las tomografías computerizadas, las electroencefalografías y las resonancias magnéticas pueden explicar por qué un tío es normal en todo lo demás, salvo que cuando ve a su tío, lo que ve es una jirafa. Ahora puedes escanearlo y echarle un vistazo. Ahí está la razón sobre su extraño comportamiento o alucinación, tan claramente como la nariz está en tu cara.

El cerebro (el verdadero órgano) y la mente (los estados de ánimo, las emociones, pensamientos, recuerdos, rasgos de personalidad y toda la información que trasmiten las neuronas) están intrínsecamente entrelazadas; son codependientes. Si el cerebro está dañado, también lo está la mente, y las alteraciones en la química cerebral provocan cambios en los estados de ánimo, la memoria y la atención. Entonces, ¿por qué hay tal estigma cuando se trata de enfermedades mentales, si sabemos que su causa es la genética, la afección, el trauma o los accidentes físicos?

Mi historia

Hace unos cinco años, escribí una tragicomedia titulada *Losing it* (Perderla), con mi amiga Judith Owen (ella escribió la música y yo el guión). Recientemente me he convertido en la chica del cartel sobre trastornos mentales, pese a que en el pasado no había mencionado que tenía depresión, ni mucho menos escrito el guión para un espectáculo sobre el tema. La razón de que sea capaz de hablar abiertamente sobre mi enfermedad es porque fui involuntariamente «descubierta» cuando *Comic Relief*[44] me pidió que posara para una foto, con el fin de recaudar dinero para la sección de salud mental de su organización caritativa. Yo supuse que iba a ser una foto discreta, en la parte posterior de alguna revista.

Imagina mi horror cuando llegué a una estación de metro y me vi en un cartel gigantesco con la frase: «Esta mujer tiene una enfermedad mental, ¿puedes ayudarla?» escrita debajo.

Me sentí mortificada y me lancé hacia el cartel tratando de ocultarlo, pero había demasiados, de modo que seguir lanzándome contra ellos habría sido en vano. De repente se me encendió la bombilla en la cabeza y decidí escribir un espectáculo, fingiendo que el cartel era para hacerme publicidad. Pensé: «Ruby, si tienes una discapacidad, utilízala». Escribí el guión e hice giras por instituciones mentales durante dos años, y si eres capaz de hacer reír a un esquizofrénico, créeme, estás a medio camino de Broadway.

El espectáculo se presentó en más de 50 instituciones mentales de todo el Reino Unido; en el Duchess Theatre y en la Menier Chocolate Factory de Londres; y en el Purple Cow, en el Festival de Edimburgo. En ese punto fue adaptado para convertirse en mi espectáculo unipersonal, *Out of her Mind* (Cabeza loca), y actué en el Broad Stage de Los Ángeles, en el Theatre of the Bay de Ciudad del Cabo, en Sudáfrica y en el Forum Theatre de Melbourne, en Australia.

---

44. Organización británica de caridad fundada en 1985 por el guionista cómico Richard Curtis como respuesta a la hambruna de Etiopía. *(N. de la T.)*.

Todavía sigo representando el espectáculo, pero mi interés ha cambiado drásticamente. Decidí analizar los verdaderos cerebros, los que nos hacen tal como somos, porque realmente es lo más interesante del universo. Mucho más que las estrellas, que pueden cuidar de sí mismas o de las que se puede ocupar Brian Cox.[45]

¿Quiénes somos «nosotros»? Ése es el misterio. Si yo había sufrido una implosión mental, ése era el momento perfecto para abordarla.

VUELTA A LA ESCUELA

De modo que pensé, tengo 87 años (la verdad es que no), ¿por qué no volver a los estudios, pero esta vez prestando atención y no siendo expulsada por poner sardinas debajo de los accesorios de iluminación? Muy bien, volveré a empezar. De modo que me enrolé en el Regent's College de Psicoterapia. Desde el primer día, amé a mis nuevos amigos. Llevaba los libros igual que solía hacer durante mis años de estudiante de secundaria, una alta pila entre mis brazos, y todos íbamos a la cafetería y hacíamos cola para tomar una horrible y dura lasaña y un postre color rosa neón puestos en una bandeja. Amaba eso. Y nadie me trataba como si fuera alguien interesante. Si no piensas que eres especial, tampoco lo piensan los demás. La gente sólo te presta atención cuando quieres que lo haga. Mira a una persona famosa: prácticamente irradia un foco desde su rostro, incluso cuando finge querer pasar desapercibido. Al final del día, hacíamos terapia de grupo y algunas de las chicas más dominantes y yo formamos una camarilla y nos unimos contra los más débiles hombres. Solíamos girar los ojos y gruñir siempre que ellos hablaban. Nuestro círculo se hizo más estrecho aun cuando nos defendimos las unas a las otras diciendo que éramos fuertes, no agresivas, actuando como una unidad de apisonadoras.

---

45. Físico y presentador de la BBC. Algunos de sus programas tuvieron como tema el sistema solar. *(N. de la T.)*.

También ocurrieron cosas raras, como ya me había sucedido en el pasado. En mi curso había aproximadamente 16 personas y era un grupo diverso. Una de mis compañeras de clase había sido prostituta en el pasado (yo la amaba). Ahora quería ayudar a la gente en lugar de acostarse con ella. ¡Vaya muchacha! Resulta que reconoció a uno de nuestros compañeros de clase (un tío al que odiábamos por petulante y moralista) como uno de sus exclientes. De entre toda la gente que hay en el mundo, él tuvo que acudir a ese sitio y a esa clase. La exprostituta me hizo esta confidencia; supongo que sintió que podía contar con que yo guardaría silencio. Mantuve mi boca cerrada durante tres años, y Dios mío, lo difícil que fue cuando él despreciaba a las mujeres. Nunca dije una palabra y sigo sin hacerlo: lo estoy escribiendo.

Pero yo amaba a mi curso. Cada semana estudiábamos a algún importante terapeuta y yo creía en cada uno de ellos, y entonces, a la semana siguiente dejaba de creer en él y me iba a machacar a mi siguiente psiquiatra.

Freud

Brillante con el inconsciente y el concepto de que lo que hay debajo de tu «tapadera» es tu identidad, el horno del infierno que está detrás de nuestras adornadas fachadas. Es el ego que mantiene las apariencias, una especie de nuestra ropa interior física, de modo que no tengamos que enfrentarnos al mundo, exponiendo el patético desastre que realmente somos. (Una vez tuve un analista freudiano al que le discutía acerca de que un cigarrillo es sólo un cigarrillo. Él no quería aceptarlo y me dijo que yo decía eso únicamente porque mi padre hacía embutidos, y que ésa era la razón por la que yo estaba tan fastidiada. Siguió intentando que yo ahondara en un sueño recurrente que tenía: yo estaba sentada en una casilla, en el desierto, cubierta de sangre y de heces. «No es un asunto tan importante, todo el mundo tiene ese sueño», le dije. También le hablé de un sueño que tenía sobre un avión en el que la cola se desprendía y teníamos que aterrizar en un callejón estrecho, y que salían chispas de las puntas de las alas al rozar los muros de ladrillo, y que acababa en un pintoresco centro de esquí en Suiza. ¿Qué es lo que había que descubrir? Liquidé mi factura de 6.300 euros la hora y me marché, demostrándole quién mandaba ahí).

Melanie Klein

Ella creía que Mamá tenía un pecho bueno y uno malo, y que eso puede influir en el estado mental de un individuo. Es obvio que yo tomé el pecho equivocado, el malo. (He olvidado si era el derecho o el izquierdo).

Jung

Lo amaba y también la idea de que tenemos una sombra, un lado oscuro, y fui muy feliz al averiguar que era algo real.

Carl Rogers

También yo amo la terapia centrada en el cliente. Precisamente Rogers proyecta cualquier cosa que digas, de vuelta sobre ti, como un loro pero lo hace con amor. Tú le dirías algo y él te respondería, «¿Crees que?» y, a continuación, repetiría exactamente lo que le has dicho. Sencillo.

Gestalt

El viaje de ácido de la terapia. Te gritan por la clase de farsante y perdedor que eres y, de algún modo, eso te ayuda a encontrar el corazón de la manzana de ti misma, si durante el proceso has sufrido un colapso nervioso. No es diferente de la terapia del primer grito en la que revives tu nacimiento, pero en este caso tienes una pistola.

Después vienen los existencialistas, cada uno más inquietante que el siguiente:

Heidegger

Vaya tipo. Escribió de manera totalmente incomprensible, poniendo guiones entre cada-una de las palabras-que-lees.

Buber

Si te diriges a la gente como «tú», significa que realmente te gustan y les agradeces por ser tus congéneres humanos. Si piensas en otras personas como «eso», significa que simplemente las estás utilizando para conseguir lo que quieres; son el medio para un fin. Me ha ayudado tanto como para diferenciar a los «tús» de los «ésos».

Nietzsche

Imposible de deletrear; otro tío pintoresco que dijo: «Dios ha muerto», y no deberíamos conservar nuestras esperanzas.

Winnicott

También lo amo. Habló acerca de la madre «bastante buena», de modo que yo sentí que me disculpaba por casi haber asesinado a mis hijos, cuando accidentalmente les di a comer bolitas de veneno para ratas. Dijo que mientras la madre tuviera buenas intenciones, el crío no se estropearía. Gracias, Winnicott.

Y, finalmente, Bowlby

Me dio todo lo que necesitaba saber de por qué he sido y soy una enferma mental. Estableció una división de las relaciones entre los cuidadores de bebés y los bebés en tres tipos de categorías de apego, que ejemplifican tu relación con el mundo y contigo mismo. El apego es seguro cuando Mamá y Bebé están en sintonía, sonriéndose el uno al otro. Cuando Mamá abandona el cuarto, Bebé llora y quiere que regrese y, cuando lo hace, se acerca a ella para calmarse. El apego ambivalente es cuando Mamá abandona el cuarto y Bebé se queda allí con aspecto aburrido y, cuando ella vuelve a entrar, parece más aburrido aún y juega con algunos bloques. Y luego está el apego desorganizado: cuando Mamá abandona el cuarto, Bebé parece aliviado y, cuando regresa, grita: «¿Adivina cuál soy yo?».

Para alcanzar la cualificación completa de terapeuta, tienes que trabajar 400 horas como becaria. Llegué a las 200 y la gente seguía preguntándome si mis pacientes se reían cuando yo entraba en la sala para actuar como su terapeuta. En realidad, cuando tuve mi primer paciente, yo estaba más nerviosa de lo que jamás había estado; pensaba, «¿qué hago si se ponen a gritar: Eres una farsante. No me gustas, consígueme a algún otro». Mi preocupación no era que me reconocieran, sino el mismo miedo que tendría cualquiera que fuera nuevo en esa labor: «¿Qué demonios voy a decirle a esta persona?».

En realidad, no me reconocieron ni les importaba quién era yo. Tenían problemas más importantes. Algunas de entre mis pacientes eran mujeres a las que las familias de sus maridos tenían esclavizadas, que eran amenazadas de muerte si se lo contaban a alguien. Yo estaba allí sentada pensando en la excesiva buena opinión que tenía yo de mí misma, en que era una niña mimada, si alguna vez había pensado que los míos eran problemas. Esas suegras que echaban agua hirviendo sobre sus nueras para enseñarles quién mandaba ahí hacían que mi madre pareciera Campanilla.

Y a las que eran inglesas, incluso si me reconocían, no podía importarles menos porque podían percibir que teníamos mucho en común. Ellas solían hablar de su soledad y su desesperación y yo realmente las escuchaba con compasión, que es lo principal en psiquiatría. Yo sentía que era un honor que me dejaran entrar en sus vidas y todavía me pregunto si las ayudé a sentirse mejor, aunque sea un poco. Aprendí que todos somos criaturas muy frágiles y que muchos de nosotros sentimos dolor y que hay que tener mucha valentía para seguir viviendo.

Después de trabajar 200 horas me di cuenta de que estaba empezando a perder la compasión y que jamás podría fingirla. Pienso que o tienes que estar loca o ser un ángel para estar allí sentada y soportar todo ese dolor que entra. Cuando eso ocurrió, quizá precisamente para ponerme a prueba, me fue ofrecido nuevamente un bocado en el negocio del espectáculo, mientras todavía estaba trabajando con mujeres maltratadas. ¿Qué hice? Me agarré a ello como una adicta a la heroína que encuentra una aguja. Todavía tiemblo al recordarlo y me avergüenza lo que hice. Podrías pensar que había aprendido la lección con el incidente del *Shark Atack* (El ataque de los tiburones), pero no. Me llamaron para que hiciera un importante programa de concursos, en horas de máxima audiencia, en el que yo sería la maestra de ceremonia. Se emitiría desde una carpa de circo, mientras celebridades de segunda clase hacían ejercicios en el trapecio sin red. Un panel con algunas «reinas gritonas» juzgaría quién era el más valiente de los gladiadores de ese baño de sangre.

Pensé que todos los interesados se darían cuenta de lo grotesco que era todo eso y que yo podría burlarme de las desesperadas celebridades, colgadas por los pulgares con vistas a regresar a la fama o, en ciertos casos, arriesgando sus vidas para surgir desde el capullo de su mediocridad hasta convertirse en personalidades totalmente aladas de la televisión. Por desgraciada eso no iba a suceder. Me vistieron con un corsé, me dieron un látigo y me mandaron al cuadrilátero. Me dijeron que me lo tomara en serio y que no me burlara de nadie, que me guardara la ironía para mí misma. Fui abandonada, sin tener la balsa salvadora del humor, cuando tuve que decir lo mágica que era la debutante, mientras ésta colgaba por encima de mí, sostenida por el cuello de su útero, y vestida con una pluma. Yo quería decir lo sorprendente que resultaba saber que acababa de salir de rehabilitación, pero me cerraron la boca y me dijeron: «Vamos a escucharla a ella, damas y caballeros. Una ronda de aplausos para esta notable mujer».

Yo leí el *autocue* con las lágrimas rodando por mi rostro, a la vez que mantenía una crispada y espantosa sonrisa, y los ojos muertos. En cualquier caso me despidieron, lo que fue una suerte, porque todavía estaba trabajando como terapeuta. En las sesiones de supervisión, a las que se acude semanalmente para recibir orientación sobre nuestro trabajo, la supervisora dijo que quizá no fuese una buena idea que yo fuera terapeuta en ese momento. Yo le pregunté por qué.

Ella señaló que yo aparecía en las vallas publicitarias del tamaño de la mitad de un campo de fútbol, expuestas por todo Londres, vestida con mi corsé, con los pechos en 3D colgando del cartel, y sosteniendo mi látigo; algunos de mis clientes quizá pensaran que eso era raro. Tal vez tenía razón.

De modo que pensé, dejemos la psicoterapia a los psicólogos y vayamos al meollo del asunto; me pondría a estudiar el funcionamiento del cerebro. Me colé en un curso de Neurociencia en el University College de Londres, lleno de gente de 21 años. Me sentía como un fenómeno de feria, de modo que les dije que tenía una enfermedad cutánea; esa que hace que envejezcas prematuramente. Entonces me permitieron dejar de salir con ellos, hasta que se dieron cuenta de que yo era vieja. Eventualmente, estudiantes que parecían fetos me incluían en sus almuerzos, sobre todo porque yo era la única que conducía y podía llevarlos al parque.

La única ciencia que había practicado antes había sido en la escuela secundaria, una vez que disequé una rana y la puse en el bolso de una amiga, de modo que no tenía muchas credenciales. Ahí estaba yo cada semana con mi libreta, garabateando cómo algunas moléculas de sodio atraviesan la pared sináptica por una corriente eléctrica y así trasportan neurotrasmisores a la neurona de al lado, lo que ocurre un trillón de veces en menos de una milésima de segundo. Yo no sabía de qué estaban hablando, pero tomé cientos de páginas de notas, todas garabatos incomprensibles ahora. Podría publicar la libreta y llamarla *El arte de un loco*. Al final, el resto de la clase fue a la Universidad de Yale para completar su máster. Los recuerdo diciéndome adiós con la mano, porque *a)* yo fui la única que me estrellé en el curso y *b)* yo sabía muy poco.

Pensé: «Tengo que superar que ellos hayan ido a Yale», de modo que hice lo único en lo que podía pensar, fui a Oxford.

En los años venideros, cualquiera que consulte la fotografía de la clase de 2012 del Kellogs College de la Universidad de Oxford verá entre los dignos estudiantes que miran seriamente a la cámara a una muy madura (en actitud, no en edad) estudiante que parece estar loca de alegría: ésa soy yo.

Mis hijos están furiosos porque los dejé y fui a la universidad antes que ellos: dejemos que descubran lo que se siente ante el nido vacío. Escuché a uno de ellos decir: «Nuestra madre dejó el hogar. Está en el período de orientación vocacional y no conseguimos encontrarla». Antes de que comenzara la primera clase, yo tenía que hacer algo llamado matriculación. No tenía ni idea de lo que significaba esa palabra, sonaba como una infección, pero la siguiente cosa que supe es que desfilaba junto a cientos de otros estudiantes por la High Street de Oxford, envuelta en una toga, llevando un birrete de graduada en la cabeza con la gente común aclamándonos. Yo saludaba como la reina. Como estudiante con dificultades le cogió el tranquillo a la ortografía, puedes imaginarte lo sorprendente que fue la experiencia.

Estás apuntada en algún antiguo edificio y el Deán de Deanes, vestido como un gran mago, te da la bienvenida diciéndote en latín, «¡Bienvenida! Ahora estás en la más santa de todas las santas instituciones!». En ese punto, solamente puedo pensar que si pudiera desenterrar a mis padres y ellos pudieran ver esto, jamás entenderían lo que está ocurriendo. La cabeza se les daría la vuelta y, tal como dice el proverbio, tendrían que volver a intentarlo.[46]

Me resultaba muy raro que de repente comenzara a leer libros de ciencia de una manera tan voraz en esa época de mi vida. Era como si mi viejo yo hubiese muerto y hubiera sido relevado por una empollona. ¿Cuándo me había convertido en eso? Parecía haberme reinventado en un nuevo ser admirador de la neurociencia; era una seguidora fanática. Así, tras dos años en la Universidad de Oxford, he aquí mi giro hacia la neurociencia.

---

46. *When you fall off a horse you must get back on.* (Si te caes del caballo tienes que volver a intentarlo). *(N. de la T.).*

TERCERA PARTE

¿QUÉ ES LO QUE HAY EN TU CEREBRO / QUÉ ES LO QUE HAY EN TU MENTE?

¿POR QUÉ LA NEUROCIENCIA?

Para llegar a saber quién eres y cómo funcionas, necesitas abrir –metafóricamente hablando– el capó y mirar dentro del motor. Freud, que originalmente quería ser neurólogo, tuvo que adivinar lo que ocurría en el interior porque en aquella época la única manera en que se podía estudiar el cerebro era esperar que hubiera un cadáver. Un cerebro muerto no funciona, de manera que eso no sirve. Ahora podemos mirar dentro y ver cómo las neuronas se conectan con diferentes áreas del cerebro y ver cómo funciona el poder eléctrico y químico para crear nuestros pensamientos, sueños, esperanzas, recuerdos, emociones: todo.

Somos el resultado de esas conexiones, de esos intercambios químicos y de unas regiones comunicándose con otras. Algunas personas creen que esta manera de pensar es muy reduccionista y dicen con desdeño: «¿Eso es todo lo que somos?». Yo siento que deberíamos decir: «Oh, Dios mío, ¿yo soy todo eso?». Porque lo que somos es muy complejo y extraordinario; el modo como funciona tu cerebro hace que cualquier otra invención y logro parezca tan simple como aprender a plegar una servilleta.

Para mí, eso ha sido el mayor momento de lucidez que he tenido, tanto como para poner fin a todos los otros momentos de lucidez de mi vida hasta entonces. Cuando comiences a entender cómo cada parte de tu cerebro tiene una función (valorar, pensar, moverse, sentir), cuando te des cuenta de que hay sutiles (y no tan sutiles) diferencias en la biología de tu cerebro que hacen que tú seas tú y yo sea yo, también tú dirás «Ah». Entonces pensarás: «Necesitamos imprescindiblemente tener un manual de instrucciones para esta cosa», y puede incluso que comiences a acechar a los neurocientíficos como hice yo.

En la medida en que la realidad puede ser verificada, nada mejor que echar una ojeada a la cosa real. Cada uno de nuestros cerebros parecen bastante similares cuando los abres, lo que para mí es muy alentador; para saber que no estoy sola y que todos somos hermanos bajo la piel. Nada de almas claras y oscuras; solamente un rosa mate. La mejor noticia de todas es que hemos alcanzado un punto en nuestro desarrollo como especie, en el cual podemos elegir cómo van a reaccionar nuestros cerebros ante los hechos, de modo que no nos mantenemos completamente cautivos de los viejos hábitos y prejuicios, la programación y los puntos ciegos mentales. La mayor parte de la gente no sabe que esa parte autorreguladora está incluida en el paquete. Hemos nacido con esa capacidad, pero por desgracia es una información que no se le imparte al público (quizás eso no vendería tantos libros como *Las cincuenta sombras de Grey*).

Cuando aprendes a usar tu mente tal como puede ser usada, incluso puedes sentir esa cosa elusiva llamada «felicidad» o «paz». Aunque lo que se conoce, en lo que respecta a términos de ciencia cerebral, no parece dirigirse a las masas, ni el público parece desear que eso ocurra. La información científica sobre el cerebro está basada en claras evidencias de un número de fuentes, incluyendo los más recientes avances en neuroimagen. Ésta ofrece vívidas representaciones de los componentes del cerebro y de sus funciones asociadas. La neurociencia como asignatura está todavía en pañales en su mayor parte, dado que es extremadamente complicada, pero ya se conoce una gran cantidad de datos sobre las funciones de nuestros cerebros y las diferentes áreas que están involucradas cuando sumamos números, hablamos, tomamos decisiones, recordamos, oímos, vemos o estamos ocupados. Si dudas de la evidencia empírica, pero crees que has visto un OVNI, por favor deja este libro. No es para ti.

Al observar cómo nuestros pensamientos afectan a la estructura del cerebro aprendemos nuevas formas con las que podemos remodelar de forma consciente nuestros propios cerebros. La autorregulación significa que realmente podemos reconfigurar nuestros propios cerebros, trasladando la actividad de una región a otra, haciendo que se pongan en funcionamiento, conectando diversas hormonas que pueden estimularnos o calmarnos.

En mi opinión, conocer dicha capacidad de autorregulación es la posterapia que contiene el espíritu de la época actual. La evidencia de cómo cambia el cerebro puede verse en las imágenes de escáner de un cerebro y los resultados han sido publicados en revistas científicas. ¿Por qué las últimas noticias no mencionan esto? Conoces a personas que insisten en que saben cómo funciona el mundo y ellos mismos de acuerdo a cómo se sienten. Es como insistir en que el mundo es plano porque ellos lo sienten así. Sé que el cambio es doloroso para todos nosotros; las viejas maneras siempre se ven remplazadas por otras nuevas. Los adivinos de repente se encuentran sin trabajo y los alquimistas resultan redundantes, porque la gente deja de necesitar sus cerdos convertidos en oro, o lo que sea que ellos hagan. Algún día nos reiremos un buen rato cuando recordemos que un doctor no miró dentro de tu cerebro antes de escribirte una receta. No estoy diciendo que simplemente con mirar una imagen en el escáner sabremos todo lo que hay que saber, porque es cierto que lo que somos es el resultado de nuestra interacción con nuestros padres, nuestro ambiente, nuestros estudios y nuestra cultura. De modo que, para llegar al fondo de los problemas del siglo XXI, nos encontramos con que necesitaremos no sólo aprender la estructura de funcionamiento básica del cerebro humano, sino también nuestra historia personal y su evolución.

He aquí algunas respuestas a las preguntas que surgieron en la primera parte, basadas en la evidencia científica, la neurociencia y la evolución. Que las disfrutes.

La respuesta al «por qué las voces críticas»

Somos propensos a esas acuciantes y negativas voces que hay en el interior de nuestra cabeza porque tenemos esa vieja mosca volando por la fábrica interna: la supervivencia. Cada una de nuestras células desea que duremos el tiempo suficiente como para trasmitir los genes, después por lo que a ellas respecta podemos irnos al infierno. Una parte de tu cerebro todavía piensa que está 400 millones de años atrás, de modo que seguimos en constante alerta por los predadores que alguna vez nos asesinaron. Incluso en estado de reposo, nuestro cerebro aún sigue rastreando el horizonte porque en aquel entonces había muchos ocultos, y podíamos hacer algo al respecto, tal como salir corriendo. Ahora, no basta simplemente con salir corriendo de lo que percibimos como amenaza; estamos indefensos para enfrentarnos al peligro del siglo XXI: el desaguisado económico, el clima fuera de control y países locos que pueden estar ocultando bombas. No es extraño que estemos estresados.

Ése es el motivo por el cual somos extremadamente vigilantes y tenemos reacciones paranoicas: «Asegúrate de que... no cometas errores con... algunas personas te odian». Tú reaccionas exactamente como tu gato, que encorva la espalda y sisea, salvo que tú te encorvas con palabras. Es la ansiedad la que te mantiene alerta. Cierra los ojos por un instante, quita el ojo de la mira y te almuerzan. Ya puedes ver por qué nuestro estado natural es el vaso medio vacío.

El cerebro detecta la información negativa más rápido que la positiva. Nos atraen las malas noticias. Cuando algo se queda marcado como una mala experiencia, el hipocampo (responsable de consolidar la memoria) se asegura de que quede almacenado en un lugar de fácil acceso, como referencia para el futuro. Si silbas una melodía alegre y sólo piensas cosas agradables, probablemente muy pronto serás embestido por un camión y estarás tirado muerto en una carretera. Este sesgo negativo te prepara para evitar eso y tenerle miedo, pero cuando lo diriges hacia ti mismo, puede ponerte de rodillas con una depresión.

La respuesta a «¿por qué nunca tenemos bastante?»

La ciencia nos dice que la razón por la que «deseamos» es que nos motiva una sustancia química que hay en nuestros cerebros llamada dopamina y que, cuando conseguimos algo que deseamos, nos recompensamos con una subida de dicha sustancia, que crea un zumbido, un placer, una emoción. Es como la cocaína (que yo nunca probé aunque lo he oído decir a otras personas; no quiero mencionar nombres, pero me han dicho que es del mismo nivel de altura). Si codicias algo con muchas ansias (digamos un par de zapatos) y consigues comprarlos, recibes una ración de dopamina, que te motiva para que inmediatamente comiences a planear cómo tener otro par. (Esta versión enferma de planear de antemano ha sido trasmitida de cuando buscábamos nueces o lo que fuera que buscábamos hace cientos de millones de años. Encontrábamos las nueces, nos las comíamos y, entonces, inmediatamente empezábamos a hacer mapas mentales de dónde encontrar más nueces en un terreno similar en el que acabábamos de obtener buenos resultados. Probablemente ni siquiera notábamos que estábamos comiéndonos las nueces, tan ocupados estábamos pensando en nuestra próxima búsqueda).

Pero volviendo a los zapatos. Esos días, con el hormigueo que da la dopamina, tendrás que descubrir cómo y dónde encontrar más zapatos, de modo que comenzarás a acercarte a espacios donde abundan los zapatos; es decir, centros comerciales. Comenzarás a olisquear alrededor de las tiendas de Jimmy Choo[47] y puedes llegar a vaciar tu cuenta bancaria para comprar algunos, y cuantas más veces hagas la conexión entre centros comerciales y compra en Jimmy Choo, más afianzado y profundo será ese hábito. Después de un tiempo, incluso sólo con oler un zapato de Jimmy Choo, tu dopamina estará desenfrenada. Si vas a una cena elegante y alguien calza un zapato de Jimmy Choo, estarás tan estimulada para «conseguir el zapato» que puedes llegar a mordisquearle el pie, con tal de volver a sentir ese excitante zumbido de nuevo. El ansia es de dopamina; ésa es tu motivación, en realidad, no es el zapato. Es la cacería: la emoción de la persecución que haces, guiada por las señales del entorno que predicen que el próximo zapato está a la vuelta de la esquina. La dopamina no siempre genera placer, pero te impulsa a buscar recompensas. Puedes ser una adicta muy desdichada.

Si, por otro lado, no consigues los zapatos, la dopamina disminuye en tu sistema, de modo que empiezas a tener sensaciones de carencia, similares al mono de una droga, tienes picores y comezón, como tenía Billie Holiday en la película. Te informa de ello una parte de tu cerebro llamada ganglio basal, que actúa como un termostato, registrando los estímulos que llegan a través de los sentidos. Una vez que la cacería se vuelve menos novedosa, pierdes esa «marchosa» motivación.

Al principio, el ganglio basal es tu mejor amigo, te trasporta alto, ahora sí que es la tuya, tu quieres «ir de fiesta», pero cuando no puedes tener bas-

---

47. Diseñador de moda, de origen malayo, establecido en Londres, conocido principalmente por sus zapatos de mujer hechos a mano. *(N. de la T.)*.

tante, bum, te conviertes en un adicto de los barrios bajos. Somos nuestras propias farmacias ambulantes, inyectándonos nuestras propias sustancias químicas caseras. Esa constante necesidad de una dosis para sentirte bien te impulsa a perseguir recompensas una y otra vez y refuerza la conducta que hace que quieras conseguirlas en primer lugar. Es un círculo vicioso.

Así, el sistema de recompensa es necesario para tu supervivencia; puedes utilizarlo para obtener efectos positivos e incrementar tu motivación hacia las sensaciones saludables como la satisfacción por el trabajo bien hecho. Pero también puede empujarte tanto en tu marcha forzada que te llevará a estar hecha polvo por tus deseos de alcanzar lo inalcanzable. Tenemos que estar alerta ante nuestros *puntos de inflexión* individuales, para diferenciar entre cuando estamos en un nivel de alta creatividad y producción y cuando estamos quemando el motor. Nuestra cultura promueve una interminable necesidad de alcanzar que siempre desea lo que tiene el otro, incluso aunque el esfuerzo pueda matarnos.

Breve historia de cómo descubrieron «el qué y dónde» del cerebro

Habiendo respondido a algunas de las cuestiones surgidas en la primera parte, voy a mencionar los nombres en lo que respecta a los mecanismos del cerebro, de modo que cuando discutamos sobre Mindfulness en la cuarta parte, verás cómo puedes cambiar deliberadamente la fisiología de tu cerebro (neuroplasticidad) y, por tanto, regular tus pensamientos y sentimientos.

En 1861, el anatomista francés Pierre-Paul Broca abrió el cerebro de un paciente (después de que éste hubiera muerto) que solamente podía decir la sílaba «tan». Eso era todo. Imagínate tener una cita con ese tío: ¿repetitivo no? En cualquier caso, el doctor Broca advirtió la existencia de una lesión desarrollada hacia la parte posterior de los lóbulos frontales y concibió la idea de que era esa lesión la que causaba el problema del habla. Broca decidió que ésa debía de ser el área responsable del lenguaje y la llamó el área Broca. Tan no podía discutírselo. Todo lo que podía decir era «Tan tan tan». Pudo haber sido famoso, pero la gloria se la llevó el doctor. Tengo que decirte que recuerdes apuntar las cosas.

Después de eso fue como una fiebre del oro. Todo el mundo empezó a abrir las cabezas de todo el mundo para descubrir qué parte era responsable de qué. Todos querían conseguir por su cuenta un trozo de la acción y darle nombre a cierta parcela del cerebro. Jamás habría soñado con darle mi nombre a un tumor, pero el siguiente tío en hacerse famoso por descubrir una lesión fue Wernicke que, en 1876, descubrió un área debajo de la de Broca y declaró que la lesión en dicha área era la razón de que uno de sus pacientes (otro tío muerto) no pudiera hilvanar varias palabras juntas. Sabía las palabras, pero no podía crear una frase que tuviera sentido. De modo que su paciente diría «comidadegatoschanclascabezahace-pastelsobremismanos». Obviamente, él no podía discutir con Wernicke, de modo que tal área pasó a ser conocida como el área de Wernicke. Racapitulando: Broca fue el descubridor del área del «no lenguaje» y Wernicke estuvo a cargo de la zona de «no ser capaz de hilvanar una frase». Es bueno que ambos pacientes jamás se encontraran. Habría sido una reunión aburrida. Tan: «Tan tan tan». Paciente de Wernicke: «Lo que entiendo tú no eres vaca». Tan: «Tan tan tan». El tío de Wernicke: «Tú no engulles en caballo paramédico a mí». Habría sido interminable.

Desde entonces, los neuroanatomistas entraron en un verdadero frenesí y descubrieron algo que se extiende justo por encima de nuestro cerebro, de oreja a oreja, y que tienen todos los humanos: la corteza somatosensorial, desde donde el cerebro recibe señales de los puntos de superficie del cuerpo y a las que registra como tacto. Dios sabe cómo descubrieron eso. Ni siquiera quiero saberlo, pero ahí es donde el cerebro registra las sensaciones de cada una de las partes del cuerpo. De modo que si clavas un alfiler en el área de tu cerebro que representa tu tercer dedo, sentirás dolor en tu tercer dedo. En esa corteza somatosensorial hay todo un mapa de cada región de tu cuerpo; no en el orden de las zonas de la cabeza a los pies, sino en orden a la mayor sensibilidad de cada zona.

Eso es igual para cada zona individual de tu piel: la zona del codo, la del pulgar y la zona genital, todas tienen en esa corteza somática una parcela en la que pueden ser percibidas. El tamaño del área está relacionado con la cantidad de nervios que tienes en esa región específica; la zona genital y el país de la lengua son grandes porque son altamente sensitivas, mientras que Villa Codo no es tan grande. El condado del hombro es diminuto. Es como si las partes de tu cuerpo fueran adquiriendo parcelas mayores al ser utilizadas; los genitales y la lengua tienen la extensión de Texas, la axila es como Chattanooga.

Si te han amputado una pierna, seguirás sintiéndola en la vecindad de la pierna de tu cerebro, que es un síndrome conocido como «miembro fantasma». Y, si ciertas partes de ti están lesionadas o enfermas, se desarrollarán neuronas para compensar la parte desaparecida. Lo que más me gusta es el hecho de que, debido a que el área de los genitales está cerca de la de los pies en la corteza somática, algunas personas informaron de que sintieron un orgasmo en la zona de un pie que habían perdido. Una vez que fueron hechos estos descubrimientos sobre la conexión cerebral, síndromes tan raros como éste empezaron a tener sentido.

Después de eso, los neuroanatomistas hallaron e investigaron mapas de los movimientos del cerebro. Uno de esos mapas es la corteza motora, que discurre de un oído al otro en la parte superior de tu cerebro, como si fueran auriculares, y cada punto controla una zona diferente del cuerpo. De manera que, en lugar de recibir sensaciones como en la corteza somatosensorial, la corteza motora envía señales, diciéndole a ciertas áreas que se movilicen. Si clavas un alfiler en la corteza motora correspondiente a tu rodilla, tu rodilla se moverá. Si lo clavas en la zona de la cadera, es ella la que se moverá; puede que sea posible clavar alfileres en ciertas partes de la cabeza de alguien y hacer que camine como un pato.

Pero volviendo a la ciencia, también se descubrió que si has clavado un alfiler en un área de la corteza de una persona y su dedo se mueve, y luego clavas el alfiler exactamente en la misma zona de la corteza motora de otra, puede que no se mueva su dedo, pero sí su labio superior. Ésa es la prueba de que no todas las personas han sido creadas iguales. Los mapas corticales son todos de diferentes tamaños, dependiendo de qué parte del cuerpo se usa más o menos; las partes más desarrolladas tienen las regiones correspondientes del cerebro de mayor tamaño.

El hombre que descubrió eso fue un verdadero héroe de la neuroplasticidad: Michael Merzenich, un colega posdoctorado de la Universidad de Wisconsin-Madison.

Descubrió que si eres pianista y practicas con tus dedos escalas ascendentes y descendentes, hora tras hora, día y noche, se desarrollarán más neuronas en la corteza motora del área de los dedos en el cerebro y su topografía se extenderá. Yo tuve una profesora de piano que solía cerrar la tapa mientras yo tocaba si cometía un error, razón por la que, cuando veo un piano, confieso incluso ser culpable de crímenes de guerra. Si fueras bailarina de flamenco, tendrías más territorio en el área de los dedos de tus pies en el cerebro. Alguien que pegara sellos durante toda la vida, obviamente, tendría un terreno de lengua mayor. ¿Ves adónde quiero llegar con esto?

Cuando desarrollas grupos de neuronas, por mover habitualmente ciertas partes de tu cuerpo, es lo mismo que cuando desarrollas los músculos al levantar pesas. En ambos casos, los movimientos se van haciendo más fáciles y más automatizados, porque el área correspondiente va fortaleciéndose. Por supuesto que el ejercicio neuronal no te da pectorales más grande o abdominales del tipo «tableta de chocolate»; de ahí la expresión, «cerebro o músculo». Muchas mujeres eligen músculo porque así los hombres se ven mejor en vaqueros de cinturilla baja y no alta, y eso para algunas resulta interesante; por otro lado, por desarrollar sólidos grupos neuronales por todo el trabajo que hizo con sus dedos, Beethoven se convirtió en un dios de las teclas, pero no en lo mismo para las mujeres.

¿Qué está pasando en tu mente?

En primer lugar, déjame decirte que ya hemos recorrido un largo trecho desde nuestro punto de partida. De ser una ameba unicelular, una cosa pequeña con la cabeza de un alfiler pegada a una roca, hasta ser una evolucionada y orquestada obra maestra; nuestro cerebro, que se parece a una porción de tofu de 1 kilo y casi 400 gramos. Esa sustancia gelatinosa tiene más potencia que cualquier superordenador que se haya inventado alguna vez. Tiene dos hemisferios y varios lóbulos, cada uno de los cuales tiene un papel crucial. Zapeando por nuestro paisaje interior hay aproximadamente 100 billones de neuronas, que trasmiten eléctricamente información, enviándola a la velocidad de la luz a lo largo de todo nuestro sistema nervioso. Esos 100 billones de neuronas pueden tener algo así como entre 10.000 y 100.000 ramas o dendritas o conexiones (las menos brillantes), y cada vez que aprendes o experimentas algo, mejora su encendido y la conexión se hace más densa, creando un IMPORTANTE BOSQUE DE POTENCIA CEREBRAL.

UNA REPRESENTACIÓN DEL CUERPO HUMANO PROPORCIONAL A LA SENSIBILIDAD DE CADA REGIÓN

He oído decir que el cerebro es capaz de hacer más conexiones que estrellas hay en el universo (cómo calculan eso no tengo ni la menor idea y puede ser que se lo inventen). Es difícil de creer que todos y cada uno de nosotros trasportemos semejante equipamiento, incluso si se trata de Kim Kardashian.[48] Qué desperdicio.

Pero aún tenemos muchos fallos, no somos el *homo perfectus* todavía, estamos lejos de serlo. Todos tenemos básicamente problemas similares, dado que compartimos la misma fontanería. Todos tenemos grietas. Simplemente, nos las ocultamos los unos a los otros.

Nuestro cerebro fue modelado por imposición evolutiva a lo largo del tiempo, para proveer a nuestros cuerpos con cada vez más eficaces maneras de sobrevivir y reproducirnos. Está diseñado para procesar toda la información que sirva al propósito de vivir, no se preocupa por la felicidad; tiene cosas que hacer, lugares a los que ir. De modo que puede que

---

48. Empresaria, modelo y actriz estadounidense, conocida por conducir un *reality show*. *(N. de la T.)*.

lo que tú quieras sea simplemente ir a nadar con delfines por el resto de tu vida (y algunos lo hacen), pero la mayoría de nosotros estamos preparados para estar ocupados; para tener que ir a por algo, para proveernos de comida y de un techo sobre nuestras cabezas, para ser capaces de conseguir el mejor compañero posible con propósitos genéticos. (Googlea «esposas-trofeo» y «papaítos protectores»).

El cerebro de tres plantas

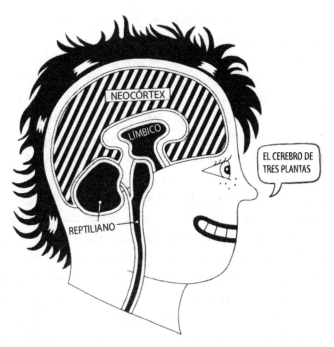

La causa de gran parte de nuestra confusión es que realmente tenemos demasiados cerebros en nuestras cabezas: tres para ser precisos. Comenzando por el más antiguo de los cerebros, los otros dos más recientes, están fuera de éste como las muñecas rusas; un cerebro dentro de un cerebro, dentro de un cerebro. Desgraciadamente, nuestro antiguo cerebro reptiliano no ha sido absorbido; sigue ahí, aplastado por los nuevos modelos, como un pariente del que no te puedes deshacer.

Ese cerebro anciano, desarrollado aproximadamente hace 400 millones de años, se llama tronco cerebral; es la parte «tonta» del cerebro. Nos impulsa a procrear, a matar y a comer, lo que es perfecto si vives en un campo o trabajas en Goldman Sachs.[49]

Entonces, hace unos 250 millones de años, el cerebro paleomamario (dicho así es una palabra demasiado larga) o sistema límbico, entró en escena; ahí es donde nosotros, a diferencia de los reptiles, fuimos motivados para relacionarnos y nutrir a nuestros descendientes, en lugar de comérnoslos. (No es tan mala idea cuando piensas en los tarifas escolares).

Durante nuestra fase neomamaria, hace unos 500.000 años, desarrollamos un cerebro superior, la corteza prefrontal; el cerebro ejecutivo, el jefazo. Éste nos proporcionó las herramientas para el autocontrol, la conciencia, la percepción, el lenguaje y la autorregulación. También el pensamiento racional, estratégico y lógico, las matemáticas y la moral. Éste es el guardián del cerebro primitivo, de modo que si de repente te da por comer sin el tenedor, te informará de que no es una buena idea. Lo mismo que si decides hacer en público tus necesidades. El cerebro triplicó su tamaño en los últimos tres millones de años (lo que por supuesto es un pestañeo en nuestra historia) y, súbitamente, adquirimos la habilidad de sentir compasión por los demás y también facultades de cooperación como el abrazarnos en grupo. (*Véase* New Age).

Este batiburrillo de tres cerebros, denominados cerebro de reptil-ardilla-mono, respectivamente, todos ellos intentando funcionar a la vez, es una de las razones del porqué estamos chiflados. Es la razón de que haya mujeres que lean a Heidegger pero que también quieran seducir al fontanero.

Me gustaría mencionar al presidente Clinton como un ejemplo de lo confusos que estamos; un hombre que puede dirigir un país, pero en su vida personal no puede dejar de insertar un cigarro en uno de los sitios más inapropiados de la Tierra. No hay allí cerillas ni mecheros, diga lo que diga.

Voy a explicar dónde pueden haber comenzado a ir mal las cosas para nosotros: los fallos que hay que agradecer a la evolución. Hace millones de años, cuando éramos el hombre de la antigüedad, como ya he dicho, estábamos perfectamente a gusto, y éramos uno con el entorno (nadie tenía ataques de pánico ni sufría trastorno obsesivo compulsivo). Cuando nos encontrábamos con un predador o percibíamos que había peligro

---

49. Uno de los grupos de banca de inversión y valores más grandes del mundo. (*N. de la T.*).

o amenaza, nos cargábamos con nuestros propios adrenalina y cortisol para encargarnos de nuestros enemigos. Matar o morir. Almorzar o ser el almuerzo. Después de pasada la prueba, nos vaciábamos y los niveles de las sustancias químicas volvían a ser normales.

El problema en esta época, siendo el hombre actual, es que cuando percibimos el peligro, la adrenalina se dispara en nuestro interior pero, como no podemos asesinar a un guardia de tráfico o comernos a un agente inmobiliario, el nivel nunca vuelve a descender. Estamos en un constante estado de alerta roja, como un coche sirena que te vuelve majara.

Debido a que no podemos matar a la gente que nos provoca enfado, todos tenemos esa rabia reprimida. Para empeorar aún más las cosas, cuando entró en escena el lenguaje, hace unos 70.000 años, comenzamos a utilizar palabras para describir esas constantes sensaciones de alarma, de modo que todo se percibe como una emergencia. Ahora no es simplemente: «Ay, ahí veo un tigre sable», es: «Ay, me olvidé de enviar un email», «Todo el mundo me odia», «Mis muslos están demasiado gruesos», «No me han invitado a la fiesta de Navidad». Eso es lo que nos vuelve locos: las interminables voces.

Las cosas que nos ayudaban a sobrevivir en el pasado (nuestro sistema de alarma) ahora nos provoca colapsos nerviosos. Alguien dijo: «El hombre está hecho para sobrevivir, no para la felicidad». Siento ser la portadora de malas noticias, pero nuestras mascotas son más felices que nosotros. De modo que los gatos son felices, felices. Los perros son felices, felices. Los seres humanos estamos fastidiados. Completamente fastidiados.

Algo sobre el estrés

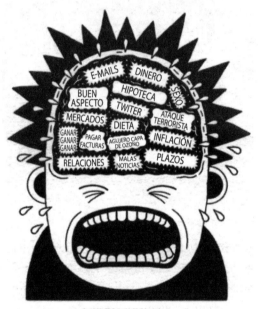

EL CEREBRO ESTRESADO

En estos tiempos tenemos propensión a morir de maneras distintas que nuestros antepasados. Nosotros (en Occidente) no tenemos que preocuparnos más por la escarlatina, la peste bubónica o el cólera. En la década de 1900, las enfermedades más importantes eran la tuberculosis, la neumonía y la gripe. Una persona que viviera durante la Primera Guerra Mundial tenía más probabilidades de morir de gripe o neumonía que en una batalla. Ahora, como vivimos más tiempo y en mejores condiciones que nunca, nos vamos derrumbando poco a poco.

En la sabana, nuestras respuestas psicológicas estaban perfectamente adecuadas para tratar con las agresiones medioambientales (huir de los enormes animales de grandes dientes). En esta época, simplemente no podemos huir de lo que genera nuestra ansiedad y nuestro estrés: las hipotecas, los problemas económicos, el buen aspecto, las relaciones y los plazos de entrega. La evolución no nos configuró para sufrir niveles de estrés de Parque Jurásico, día sí y día no; ésa es la gran desgracia de vivir al ritmo actual.

El estrés psicológico es un concepto relativamente nuevo. Puede que la gente diga: «Oh, ven aquí delgaducho, podemos lidiar con el estrés, intentémoslo». No es el estrés lo que te enferma, ni siquiera el riesgo de estar enfermo. El estrés incrementa tu riesgo de tener patologías que te enferman o, si estás enfermo y añades estrés, ya le puedes decir adiós a tus defensas naturales. El hecho de que no podamos desconectar la alarma es lo que nos hace vulnerables. De modo que ésta es mi opinión: las dolencias relacionadas con el estrés son desórdenes por las excesivas respuestas al estrés. (Lo tomas o lo dejas).

Como he dicho antes, tú puedes ser quien crea tu propio estrés sin que haya ninguna influencia externa. Tan pronto como piensas en el estrés, se producen toda una cascada de reacciones: tu tálamo (la estación de retransmisión de tu cerebro) envía una llamada de atención a tu tronco cerebral, se envían señales a todos los órganos importantes y a los grupos musculares, preparándolos para combatir o huir, y tus glándulas adrenales liberan las hormonas del estrés; el cortisol suprime el sistema inmunológico para reducir la inflamación de cualquier herida y estimula a la amígdala para mantenerte en guardia, lo que produce aún más cortisol. También suprime la actividad del hipocampo, reduciendo tu memoria, para que sólo pienses en lo que hiciste la última vez que estuviste en una emergencia similar. Esas sustancias químicas detienen asimismo la digestión y la necesidad de mantener relaciones sexuales. (Salvo que tengas un rasgo peculiar: hay personas a las que les gusta mantenerlas o comer durante un huracán). Pensar en el sexo o comer durante un desastre solamente empeoraría las cosas. Otra sustancia, la epinefrina, acelera los latidos de tu corazón para que pueda mover más sangre, y dilata tus pupilas (para ayudarte a encontrar a tu enemigo en la oscuridad). Todo eso es útil si realmente estás en peligro. Si no estás en una situación de vida o muerte y esas sustancias no pueden dejar de bombear en tu interior, causarán estragos en tu cuerpo y tu cerebro. Acabarán con las neuronas del hipocampo, creando una pérdida permanente de memoria. El oxígeno y la sangre fluyen hacia tu periferia para preparar a tus brazos y a tus piernas para que den patadas pero, si permanecen así durante mucho tiempo, en tu cerebro se reducirá el aire y la sangre renovada; de modo que el nivel de tu pensamiento descenderá; la inteligencia puede convertirse en algo del pasado y puedes despertarte (o realmente no despertar) en estado de coma.

El exceso de sustancias químicas eventualmente inhiben tu sistema nervioso (la defensa contra las infecciones y enfermedades) haciéndote vulnerable ante los virus de toda clase y forma. Hacen que descienda la producción de serotonina (y que te sientas indiferente y triste, como durante una depresión) y pueden, eventualmente, si continúan siendo virulentos, causar enfermedades cardíacas, endurecimiento de las arterias, diabetes de tipo 2 y ciertos cánceres. Sin darte cuenta, el estrés te destruirá tanto mental como físicamente, salvo que cambies tu manera de pensar sobre el tema y te relaciones con él.

Con el Mindfulness, aprendes a regular esas sustancias químicas, aumentando deliberadamente las que promueven la salud y la felicidad, y disminuyendo las que no.

Mi historia

Al ser yo una persona que sufre depresión, decidí asumir el Mindfulness como un antídoto a esa muy nociva subida de cortisol. No podemos liberarnos del estrés, de modo que esta práctica es una vía para aprender a tratar con él. Cuando mis emociones llegan a muy alto nivel, puede ser debido a la euforia o a la angustia. Tengo que volver a la línea de base o me voy a inundar, literalmente, con mi propio cortisol y me veré arrasada por la depresión. Debido a que he tenido tantos episodios, solamente son necesarias unas pocas gotas de esa sustancia tóxica para volverme vulnerable a sus efectos. Antes de hacer un espectáculo, tengo que practicar Mindfulness (*véase* más adelante la cuarta parte) para refrescar mi motor, de modo que pueda encajar el golpe de la adrenalina que incluye el trabajo y utilizarlo como ventaja. Si estoy demasiado «alta» en el escenario, soy cualquier cosa menos divertida. Me convierto en una mujer desesperada con esos ojos suplicantes y llenos de temor. Ahora me conozco mejor y sé que sólo puedo tener éxito si trabajo con un nivel de calma que me posibilite pensar de manera creativa; de lo contrario, mi cabeza se llena de la escuela de pensamiento de «todo el mundo me odia». Si estoy serena, puedo estar al pie del cañón, mis ojos pierden su desesperación y la creatividad fluye. Eso no significa que esté en un estado de desesperanza, simplemente significa que mantengo mi ojo en mi velocímetro, de modo que puedo pisar el freno o acelerar cuando lo necesito. Para mí eso es posible practicando Mindfulness y no con meras ilusiones.

Las partes de los cerebros
La versión fácil-de-entender

«Vamos a empezar por el principio, un muy buen punto para comenzar». Cuando hablamos de neurociencia, me gusta citar a Julie Andrews. El patrón de conexión que siguen las neuronas o células determina nuestra manera de pensar. Cualquiera que sea la experiencia mental que se tenga, ésta es el resultado de las diferentes combinaciones de neuronas. Como he dicho antes, cada neurona puede relacionarse con 10.000 o 100.000 neuronas vecinas y establecer conexiones. Las partes que se unen son las ramas o dendritas (las que reciben la información entrante) y los axones (las que envían señales).

El interior de nuestras cabezas puede compararse con Las Vegas, donde cada experiencia, sensación, pensamiento o sentimiento se corresponden con billones de luces eléctricas encendiéndose y apagándose –como cuando una masa de gente hace «la ola»– en una red eléctrica gigante. Tu capacidad para hacer cualquier cosa, incluyendo tus sueños, esperanzas, fantasías, miedos y, sobre todo, tu habilidad para leer este libro, están creadas por las conexiones neuronales, las sustancias químicas y las regiones específicas de tu cerebro, calibradas por tu historia genética, tu desarrollo, la sociedad en la que has nacido y, por supuesto, por Mamá y Papá.

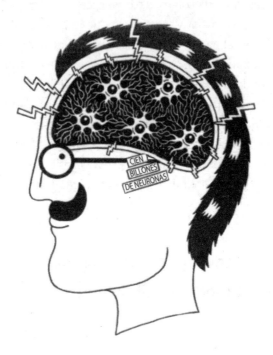

Las neuronas se trasmiten información las unas a las otras por impulsos eléctricos, que no difieren de los usados para sacudir a Frankenstein de la camilla y mandarlo a que asesinara a la gente. Cuando una neurona se enciende, una onda expansiva electroquímica se desplaza con ella a lo largo del camino para señalizar la siguiente.

Puede que esto lo hayas aprendido en la escuela, pero te recuerdo que las neuronas no se tocan entre sí realmente, hay entre ellas un espacio estrecho, llamado sinapsis, por el cual pasan unas sustancias químicas, los neurotrasmisores. Cuando las neuronas se excitan con el estímulo suficiente (un pensamiento o una experiencia), una ondícula eléctrica se va encendiendo a lo largo de la célula para activar o inhibir los neurotrasmisores. Al otro lado de cada espacio hay unos pequeños receptores, como flores abiertas, para que pasen sustancias químicas a través de la hendidura sináptica y se alojen en la siguiente neurona. Una vez que han sido traspasadas, crean un itinerario eléctrico que envía un mensaje a la siguiente neurona. Así es como las neuronas se comunican entre sí, a través de impulsos eléctricos y químicos; estas chicas pueden desplazarse a velocidades de entre unos tres y treinta kilómetros por hora. El proceso en su conjunto no es distinto de pasarse una pelota, salvo que es eléctrico. (Un juego que mataría a los niños). Piensa solamente que todo eso es lo que está ocurriendo en el interior de tu cerebro, ahora mismo, mientras tú estás ahí echada, sin saberlo. Deberías arrodillarte y agradecerle a la evolución.

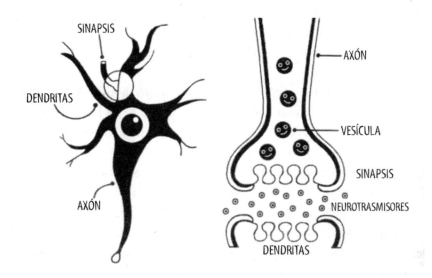

Aprender es conectar nuevas neuronas; el recuerdo es posible por esos cambios que ocurren repetidamente, porque estás memorizando un hecho nuevo y, al estudiarlo una y otra vez, tus sinapsis realmente están cambiando su forma para acelerar la receptividad y aumentar el proceso de encendido, para hacerlas más eficientes cuando pasen información en el futuro.

El aprendizaje es posible por el cambio en la forma de la sinapsis, y cuanto más tiempo se mantiene esa forma, durante más tiempo tú retienes la información. USADO O PERDIDO: si repites un modo de pensar o de actuar, el modelo de las neuronas se fortalece. LAS NEURONAS QUE SE ENCIENDEN A LA VEZ SE CONECTAN A LA VEZ. Cuando no se encienden, las conexiones eventualmente se marchitan y mueren igual que se disuelve la Malvada bruja del Oeste en El Mago de Oz cuando le vierten agua por encima.

Tu promedio de neuronas se enciende entre 5 y 50 veces por segundo, lo que significa que hay tropecientas y tropecientas señales viajando dentro de tu cabeza ahora mismo, trasladando fragmentos de información. El sistema nervioso moviliza información exactamente del mismo modo que tu corazón mueve la sangre. Todos esos tropecientos emails zapeando en torno a tu cabeza son los que definen tu mente, de la mayoría de los cuales tu nunca serás consciente. El número de posibles combinaciones de 100 billones de neuronas encendiéndose o no es de entre 10 y un millón de potencia, o de uno seguido de un millón de ceros. (Solamente estoy tratando de mostrarte que hay un montón de cosas ocurriendo en tu cabeza).

A medida que más y más facultades complejas van formando parte de tu repertorio, desde frotar palos para hacer fuego hasta fabricar cohetes espaciales, más y más células neuronales se conectan y desarrollan y esas dendritas o conexiones se fortalecen cada vez más y están más sincronizados sus modelos de encendido. Si aprendes chino mandarín, consigues adquirir un conjunto completo de neuronas sincronizadas en el departamento del lenguaje, o si te dedicas al banjo, todo un grupo de neuronas se iluminan en tu cerebro en el área de tu dedo, en el mapa somático de tu cerebro. Cualquier cosa que utilices o cualquier cosa que pienses se refleja en áreas iluminadas de tu cerebro y esos fuegos artificiales pueden verse haciendo un escáner cerebral.

Todo lo que ocurre, cada pensamiento, sentimiento y percepción que tienes, cambia tu cerebro y esos cambios son la forma en que aprendes cosas, desde jugar a los bolos hasta dejar a tu novio. No obstante, el cerebro no es simplemente una masa de procesar información sin especialización; tiene ciertas regiones que hacen determinadas tareas.

Las neuronas (con sus neurotrasmisores disparando) forman senderos y múltiples redes con funciones especializadas y, a través de esos senderos, las regiones son capaces de comunicarse entre sí; es la manera en que funciona el sistema del metro, yendo de estación en estación. Toda la información procesada por el cerebro no es más que electricidad atravesando neurona tras neurona con un chorrito de jugo en los huecos. (Si eres una persona religiosa puede que esto te genere malestar).

Los genes

Puedo oírte preguntar: «¿Y qué pasa con los genes? No tienen ningún papel en todo esto?». Nadie sabe en qué medida contribuyen los genes a hacer de ti lo que eres o en qué medida lo determina tu experiencia. ¿La naturaleza (referida a los genes que una persona ha heredado) o la crianza (influenciada por factores ambientales)? Es algo imprevisible. Los genes te dan una mano de cartas; la forma en que las juegas depende de ti. Un gen es una unidad de información hereditaria vinculada a uno o más rasgos físicos; la longitud de las piernas (yo estoy furiosa porque nunca podré desfilar por una pasarela con las que tengo), el pelo rubio (otra cosa que hubiese deseado tener), labios más llenos (imprescindibles para mi carrera de modelo). Tu código genético (tu cianotipo) está contenido en tu ADN e informa a todas y cada una de las células adónde deben ir (que es la razón por la que tu oreja no procede de tu pie), de modo que tu ADN es como un guardia de tráfico dirigiendo trillones de células, determinando en qué se convierte realmente cada una y matando a aquellas que toman el camino equivocado.

Los genes crean proteínas y pueden encender o apagar esa expresión génica, intensificarla o disminuirla. En el cerebro, la expresión génica influye en los niveles de los neurotrasmisores, que influyen sobre funciones como la inteligencia. Ésa es la razón por la que algunas personas obtienen las mejores notas, sin tener que trabajar para ello (las odio). O influyen sobre la memoria; esos que ganan concursos de conocimientos generales (los odio).

El entorno también influye en la expresión génica, de modo que el modo en que funciona tu cerebro y en quién te conviertes depende de la dieta, de la educación y del color del empapelado de tus paredes.

Tenemos alrededor de 31.000 genes y no todos se activan, no importa lo que Mamá y Papá hayan traspasado. Son buenas noticias para aquellos de vosotros que tengáis padres locos. Tú puedes estar bien, dependiendo de tus experiencias. Ciertos comportamientos son más heredables que otros; puedes comenzar con ciertos genes cargados para la depresión, pero no se activarán sin una aportación medioambiental. Nadie sabe si te convertiste en «tú» debido a la naturaleza o la crianza: es una combinación de la manera en que has nacido y cómo vives tu vida.

En nuestros primeros años somos vulnerables a las malas experiencias del entorno, de manera que Mamá y Papá pueden dañar seriamente tu expresión génica. Cada niño, hasta los cinco años de vida, está a merced de lo que descargan sobre él sus padres… y recibe toda esa descarga y la que discurre por todo el camino de retroceso hasta llegar al babuino. (Es un milagro que no estemos colgando aún de los árboles. La próxima vez que veas a un miembro de la realeza, simplemente imagina a sus ancestros agachados en los matorrales).

El cerebro está dividido en cuatro lóbulos. La forma tiene una función y voy a hablarte de eso, por lo menos todo lo que yo sé.

Sólo un apunte: el cerebro es mucho más complicado que mis humildes descripciones; muchas regiones tienen funciones superpuestas y los neurocientíficos cognitivos pasan los días descubriendo qué hace cada una de las regiones específicas. En cierto modo, todavía están a oscuras y así también estoy yo. Lo que sigue es solamente un amplio esbozo: de modo que si eres neurocientífico no me muerdas la cabeza ni ninguno de mis lóbulos.

Los cuatro lóbulos:
Cada lóbulo tiene un lado derecho y uno izquierdo

El lóbulo occipital

Responsable de gran parte de nuestro proceso visual. En realidad no vemos al mundo a través de nuestros globos oculares, sino que la luz brilla a través de la retina y envía proyecciones a diferentes grupos de neuronas del lóbulo occipital, especializadas en interpretar componentes de información visual, por ejemplo:

- **Color**
- **Orientación**
- **Forma**

- **Luz y sombra**
- **Reconocimiento facial**

Este lóbulo funciona conjuntamente con otras regiones (lóbulos parietal y temporal), que están organizadas en corrientes de información visual, como el itinerario del «qué» para determinar si es una silla, una vaca o tu madre, y un itinerario del «dónde» diciéndote, en tu casa, en un patio o en tu cara.

De modo que, contrariamente a la creencia popular, en realidad no es tu globo ocular el que ve al mundo, sino que tienes toda una compañía de producción en la zona posterior de tu cabeza actuando, produciendo una película; creando la ilusión de que lo que ves es la realidad. Es una película llamada Realidad, en lugar de la realidad auténtica. De manera que muchas cosas pasan ahí en el occipital y así es cómo puedes recordar un rostro o una escena y decir: «Oh, sí, recuerdo quién eres, ¿no me he casado contigo hace diez años?». Algo que al parecer le he dicho a mi marido.

El lóbulo temporal

Situado alrededor de las orejas y proporcionándote además un sonido envolvente (percepción auditiva), retiene tus recuerdos visuales (incluyendo rostros), dotándote con la habilidad de comprender el lenguaje y el significado (hola, existencialistas), trasladando el proceso emocional (a la amígdala) y donde se localizan los centros de la especialidad «memoria explícita», tales como el hipocampo. Cuando se genera una intensa emoción durante una experiencia, lo más probable es que no la olvides gracias a las estructuras de tu lóbulo temporal: digamos que en tu décimo cumpleaños viste un caballo cayendo por un acantilado y te pusiste histérica, esa oportunidad de fotografía mágica quedará encerrada en tu memoria a largo plazo durante toda la vida. Los recuerdos emocionales son los que se conservan durante más tiempo. Es por eso que cuando debes memorizar historia en la escuela debes imaginar que estás en la batalla de Hastings y simular que has perdido tus piernas. Así es como nunca la olvidarás.

El lóbulo parietal

Integra la información sensorial y visual, de manera que puedes navegar con una especie de brújula interna que te dice dónde estás en el espacio y te da la sensación de estar en tu cuerpo. Entonces coordina tus movimientos en respuesta a los objetos, y te dice dónde estás tú y dónde están ellos, actualizando constantemente la información cuando te mueves e interactuando con el mundo. Este sistema de navegación es imprescindible para impedir que choques con los muebles.

El lóbulo frontal

Es la mayor estructura del cerebro. Es lo que nos hace (a la mayoría) civilizados y crea nuestras personalidades; es el grandullón de la capacidad mental. Es el asiento de nuestras emociones y nos permite entender cómo piensan y sienten los demás. Puede planificar todo un escenario para que podamos ensayar un resultado antes de empezar. En su lista de méritos están algunas de las siguientes criaturas:

- **Toma de decisiones**
- **Resolución de problemas**

- **Impulsividad emocional**
- **Juicio**
- **Y, lo mejor de todo, el control de impulsos o autorregulación**

Los cerebros derecho e izquierdo

El cuerpo calloso

Los dos hemisferios están conectados por un puente constituido por un denso haz de fibras nerviosas, que derivan información adelante y atrás, facilitando un continuo diálogo entre ambas mitades del cerebro; si esto no existiera, tu lado izquierdo no sabría que está haciendo tu lado derecho (y puede llegar a tenderle trampas muy crueles). Por fortuna, puede crear ininterrumpidamente la ilusión de que eres el resultado de un cerebro en lugar de dos. Cada hemisferio controla los movimientos del lado opuesto del cuerpo.

Al contrario de lo que sostiene el mito popular, el cerebro derecho no es sólo la parte femenina sentimental del cerebro, y el izquierdo, el lado del macho empresario. Es más complicado que las simples figuras de las puertas de los aseos de damas y caballeros: esos dos lados necesitaron un desarrollo y una evolución que se extendió a lo largo de cientos de millones de años y no nacieron como algo tan endeble. Ambos lados comparten muchas de sus características pero, al mismo tiempo, cada uno tiene sistemas de procesamiento especializados. Cada lado parece compensar en fortaleza lo que al otro le falta. El derecho no es bueno en gramática, de manera que el izquierdo es sensacional en ella. El derecho es muy sensible en la apreciación del conjunto, mientras que el izquierdo es mejor en lectura, escritura y aritmética, y se preocupa por cada detalle.

Quizás en los inicios de nuestra evolución, uno de los lados tuvo que concentrarse más en la búsqueda de comida (el izquierdo), mientras que el otro (el derecho) tuvo que mantenerse alerta, vigilante no fuera que saltaran sobre nosotros.

IZQUIERDO   DERECHO

Algunas habilidades del lado derecho

- Poco hábil en gramática o vocabulario, pero fantástico en captar la entonación y el acento
- Creativo
- Intuitivo
- Hábil en armar piezas (magnífico con los puzles)
- Es la residencia de la memoria autobiográfica: tu historia
- Capta metáforas y bromas

Toda la información de la derecha se envía al Zurdo para su interpretación.

Algunas facultades del lado izquierdo

- Lineal
- Lógico
- Capaz de planificar

- **Preciso y capaz de pensar de manera literal y en la recuperación de hechos**
- **Está a cargo del vocabulario**
- **Es el área responsable de esas voces internas (silbidos)**
- **Es el relator del trascurso de tu historia personal**
- **Es la región donde se oculta el hacedor de listas (silbidos)**

El lado izquierdo tiene un tejido más denso, más repleto de neuronas, lo que lo convierte en más apropiado para realizar un trabajo intenso y detallado. Los que tienen cerebro izquierdo son brillantes, pero pueden aburrir mucho a la gente. Si tienes demasiado cerebro izquierdo, pensamiento analítico y lógico, puede que no seas una persona muy cálida y acogedora. Son magníficos empresarios, pero no siempre son tipos magníficos. Los síntomas del tipo trastorno de Asperger[50] son una gran ventaja para esta gente que necesita centrarse en una cosa en particular y que todo lo demás se vaya al demonio.

Algunas personas piensan que el don de tener un foco del tamaño de un alfiler, lo que es visto como el gen del autismo, es imprescindible en esta era de la información. Los de cerebros izquierdos pueden estar durante horas mirando fijamente una pantalla y que nada externo se interfiera en ello; tantas como una vida entera.

También se cree que, debido a que los hombres tuvieron que descubrir cómo se hace una lanza, por entonces en la era antigua, probablemente empezaron a tener el gen del autismo, porque, ¿quién querría pasarse la vida limando una piedra? Ciertamente, ninguna mujer.

Lo ideal es que los dos hemisferios funcionen a la vez haciendo una pareja perfecta; por ejemplo, si el derecho recibe una vibración de que hay algo peligroso ahí fuera, el derecho defina qué es. Crear una narrativa coherente de tu propia historia vital implica la integración de tus dos hemisferios. Demasiado en el izquierdo, te convertirás en un aburrido contable o en Bill Gates; demasiado en el derecho, y serás alguien que habla con los ángeles y, probablemente, no entienda las matemáticas.

---

50. Uno de los síndromes del espectro del autismo. *(N. de la T.)*.

Las partes del cerebro: segunda parte

Justo debajo del cuerpo calloso está el sistema límbico, la zona más antigua del cerebro de los mamíferos. Dicha zona implica buenas noticias para la supervivencia y la motivación, malas para la civilización. Un sistema límbico demasiado reactivo y reactividad insuficiente de la corteza prefrontal te mantienen alerta y puedes resultar un matón o un adicto.

Algunas partes del sistema límbico

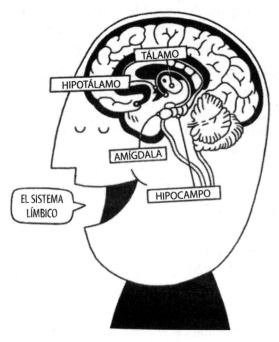

El hipotálamo

Implicado en el traslado de las experiencias conscientes a procesos corporales; piensas, luego te mueves. También está involucrado en la influencia que tienen las hormonas en el comportamiento. He aquí unos cuantos procesos controlados por el hipotálamo:

- **Hambre**
- **Sed**

- **Temperatura corporal**
- **Sexualidad**
- **Tensión sanguínea**
- **Sueño**

El tálamo

Despierta una alarma en el tronco cerebral (la parte tonta del cerebro) mandando señales a todos los órganos importantes y grupos musculares; es como una central telefónica que redirige el tráfico para que llegue al área apropiada y, si hace falta, que estés preparado para la actividad o para huir. Toda la información sensorial (excepto el olfato) pasa y se procesa a través del tálamo. Se cree que está implicado en la conciencia, porque si pierdes potencia en esa zona, te encontrarás en coma.

El hipocampo

Tiene la forma de ese animalito acuático, y funciona como un motor de búsqueda para localizar y recuperar recuerdos, rápida y fluidamente, como si fuera una secretaria que sabe dónde está archivada toda tu vida.

La amígdala

Es la alarma de emergencia del cerebro, que envía respuestas a diversas partes del cuerpo sobre información emocional relevante. Coordina las respuestas fisiológicas para mantenerte preparado con el fin de combatir o huir y asegura que lo recuerdes.

Algunas partes del lóbulo frontal

La corteza prefrontal

La parte «superior» del cerebro. Ayuda a evaluar y escoger la conducta social correcta (es la parte «rosa» del cerebro cuando tienes un té en el Ritz) y tiene numerosos talentos más:

- **El pensamiento superior**
- **La planificación**

- **El razonamiento**
- **El juicio**
- **La autorregulación**
- **El control de los impulsos**

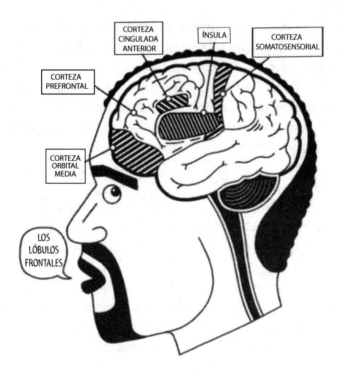

La corteza cingulada anterior

Supervisa la atención. Vigila errores y conflictos previsibles, como la distancia que te separa de tus objetivos. Es la base de la memoria operativa; un espacio de trabajo donde puedes reunir información, resolver problemas y tomar decisiones. Es también donde se planifican las acciones. La CCA interviene cuando tú:

- **Reúnes información**
- **Resuelves problemas**
- **Tomas decisiones**
- **Planificas acciones**

- **Cumples tus intenciones**
- **Te autorregulas**

La CCA no se desarrolla hasta que tienes entre tres y seis años de edad; ésa es probablemente la razón por la que los críos tienen rabietas.

La corteza orbital media prefrontal

Regula la información de los mundos exterior e interior, especialmente en relación con la gratificación. Su función inhibitoria puede decirle: «Cuidado muchacho» a la amígdala, antes de que ésta envíe su alarma total de «mata o huye», u otras primitivas y vergonzosas reacciones, tales como defecar en la alfombra o mantener relaciones sexuales en un ascensor. El uso de estas riendas hace de ti alguien amable, cortés incluso cuando tienes ganas de arrancarle a alguien la cabeza a mordiscos.

La corteza somatosensorial

Como se ha mencionado antes, es una región del cerebro que contiene un mapa de todas las partes del cuerpo.

El mapa no está ordenado desde los dedos de los pies, rodillas, caderas y hacia arriba hasta llegar a tu cabeza. Está ordenado según la sensibilidad de dichas partes, de manera que los labios están muy cerca de los genitales (una broma anatómica).

La ínsula

Te proporciona todas esas «vibraciones» internas, como la sensación de las mariposas batiendo sus alas en tu estómago o las puñaladas en tu corazón. Esta área te ofrece una información ambiental visceral, desde el interior. Si notas esas sensaciones y las vinculas a la CCA, entonces, puedes reflexionar acerca de ellas y tomar conscientemente la decisión de si quieres tirar de las riendas o no. (Esto lo voy a comentar más adelante porque la CCA es la responsable de la autoconciencia y de la regulación que se fortalece con la práctica del Mindfulness).

El cerebelo

El «pequeño cerebro» está al final del gran cerebro que conduce a la columna vertebral; está a cargo del equilibrio, la postura y la coordinación.

El ganglio basal

Un área involucrada en la motivación, la selección motriz y la acción. Controla todo, desde los movimientos de los grandes músculos hasta el parpadeo de los ojos, provocados por la sorpresa, la novedad, el ansia y el instinto. Utiliza nuestros recuerdos y los traduce a las motivaciones y después a las acciones. Si te la quitaran, serías algo así como un felpudo.

Las sustancias químicas que te hacen ser quien eres

¿Conoces la expresión «están hablando las hormonas»? Esto habitualmente se dice de una forma despectiva de las mujeres que tienen su período menstrual. Sólo porque yo amenacé a la gente con pasar una sierra circular a lo largo de su coche en ese momento del mes, me han categorizado como hormonal. Pero, «ja, ja», no somos sólo nosotras. Los hombres, los niños, incluso las mascotas están a merced de las hormonas que determinan sus estados de ánimo. Cuando te enamoras, no es que alguien haya pulverizado polvos mágicos encima de ti, es precisamente porque se ha encendido una hormona en tu interior. Es complicado, pero para que te hagas una idea, cuando se genera un pensamiento, se envía un mensaje a tu tálamo que a su vez envía un email a la glándula pituitaria, que a su vez telefonea a la adrenal, que envía hormonas en respuesta al pensamiento original. Puede que todos nosotros estemos hechos según recetas diferentes; recetas con piernas. Cuando alguien te pregunta quién eres, solamente hace falta que le des a él o a ella la lista de ingredientes. Eso es mucho más exacto que el signo zodiacal, si me lo preguntas.

Aquí hay algunos de esos ingredientes y sus principales funciones. Hay más de cien agentes conocidos distintos, que sirven como neurotrasmisores y muchos de ellos tienen diversas funciones en diferentes regiones del cerebro.

La serotonina

La sustancia química «sentirse-bien», incrementa los niveles de energía y regula el sueño y la digestión. Muchos antidepresivos tienen como objetivo acrecentar sus efectos. Realmente ansías esa sustancia o la vida no vale la pena. Obviamente, puedes comprarla por debajo del mostrador, sin receta, en forma de antidepresivo, de modo que no tengas que aspirarla del cuello de un amigo, si la tienes a un nivel bajo. Puede trasformar la ansiedad en serenidad y optimismo, pero afecta también a otras áreas: el apetito, la tensión sanguínea y los niveles de dolor.

La dopamina

Como ya hemos dicho, te motiva a buscar compensaciones. La cocaína actúa de la misma manera, pero es más cara. Se enciende (el ganglio basal te hace saber que la carga se está agotando) cuando te anticipas en conseguir lo que deseas, que es por lo que la cacería sabe mejor que la matanza; se enciende en el escáner cuando sabemos que estamos a punto de conseguir nuestro objeto de deseo. Los experimentos con ratones han demostrado que están dispuestos a renunciar a la comida, al sexo y al *rock and roll* con tal de conseguir un subidón de dopamina. Así de bien se siente uno y los ratones no son tontos.

Esas personas dinámicas, ambiciosas, las personalidades de clase A tienen (entre otras cosas) alta su propia dopamina, de modo que mantienen un constante gota a gota de ella, buscando siempre situaciones que eleven su nivel.

La noradrenalina

También llamada «norepinefrina». Influye en el sueño y la atención; excita, alerta y despierta. Es tu orden de «levántate y anda». Comienza acelerando el corazón y el flujo sanguíneo, pero si hay demasiado de esta sustancia, te encuentras en la modalidad voladora o en la combativa. Cuando una ardilla alza su cabecita y la sacude a su alrededor, en busca de problemas, está bajo los efectos de la norepinefrina.

La acetilcolina

Una inyección de esto hará de ti una lumbrera durante los exámenes universitarios; promueve la atención, el estudio, la memoria y la neuroplasticidad; es crucial para el control muscular de las neuronas motoras (mantiene tu corazón latiendo, de modo que no quieras que te falte de esta sustancia). Cuando esta sustancia química se libera cerca del tronco del cerebro, les posibilita a las neuronas que están activadas fortalecer sus conexiones.

La endorfina

Reduce el dolor y el estrés y crea una sensación de «Yupiii» suprimiendo la vergüenza, la vigilancia y la autocrítica, de modo que puedas bailar encima de las mesas en ropa interior con una flor en la nariz.

La oxitocina

Cuando se activa te sentirás toda acogedora y lechosa como la perfecta mamá. Es muy importante tenerla cuando se está criando niños; sin eso querrás arrojarlos lejos cuando hacen ruido. Si te diriges a alguien y lo tocas, tu oxitocina fluye. Quienes tienen un montón de oxitocina pueden ser descritos como adorables, quieren cuidar y dar de mamar metafóricamente a todo el mundo. Al final de la cola de espera de la vida siempre hay alguien cuidando a los demás. (Yo tengo muy poca cantidad de esta droga).

El glutamato

Es el director general del cerebro en lo que respecta a los neurotrasmisores y a la formación de vínculos entre las neuronas a través de las sinapsis. Es el neurotrasmisor más estimulante para aprender, porque modifica la manera de funcionamiento de las sinapsis, y de ese modo facilita y posibilita que se enciendan. Cuanto más se encienden, más se arraiga el conocimiento. Las partes del cerebro que utilizan más glutamato para comunicarse son la corteza y el hipocampo. Quita el hipocampo (un científico se lo quitó por accidente a cierto tío) y tienes alrededor de 30 segundos de memoria. (*Véase* carpa dorada). Si no hay glutamato, no puedes fijar ningún recuerdo. Si eliminas los genes receptores de glutamato en los ratones, nunca más encontrarán su queso. (No estoy sugiriendo que de verdad lo hagas). Si les das a los ratones más receptores de glutamato, obtendrás «súperratones», que irán a por su doctorado.

La vasopresina

Propicia los vínculos de pareja, el apego y la monogamia. Disminuye la agresividad en los hombres y los convierte en criaturas atentas que buscan la intimidad, escriben tarjetas el Día de San Valentín y se mantienen fieles. Debemos ponerles vasopresina en la comida.

La testosterona

Aquellos que con frecuencia están llenos de testosterona literalmente no tienen cerebro. Son los no-cerebros; un montón de sexo pero nada de cerebro.

El cortisol

Ya he hablado de éste antes, es tu amigo y tu enemigo; puede mantenerte en marcha, poner un tigre en tu tanque o debilitarte.

Como he mencionado, las cosas son mucho más complejas que la manera en que las he descrito, porque las sustancias químicas te afectan de diversa forma, dependiendo de en qué lugar del cerebro se activan. Por ejemplo, los pacientes de Parkinson tienen muy poca dopamina en el área del cerebro que controla el movimiento. Si aumentas su nivel de dopamina, los temblores cesan pero hay demasiada dopamina en otras partes del cerebro, de modo que puede que te encuentres con un tipo que súbitamente se hace adicto al juego o al sexo. Ahora ya no tiembla, pero está en la bancarrota y es un pervertido. ¿Ves el problema? No se trata simplemente de aumentar tu serotonina para combatir la depresión, porque si la bombeas es como las bombas de racimo; lo que resulta eficaz en un área puede dañar a otra. Los neurocientíficos aún están a oscuras en relación a los antidepresivos porque, ¿cómo pueden investigar lo que les pasa a las neuronas cuando hay cientos de billones de ellas? (Es como encontrar tus lentes de contacto en el Sahara).

La memoria

Aquí es donde el conocimiento del cerebro se vuelve difuso: en torno a la memoria. Los neurocientíficos son incapaces de localizar dónde está la memoria en el cerebro; parece estar en todas partes. Si la amígdala es persistentemente estimulada o hay un impacto lo suficientemente importante, las sinapsis cambian de forma haciéndose más sensibles a los estímulos del miedo y tú sientes miedo mucho más rápido la próxima vez que algo similar te asusta. Si la corteza motora se estimula lo suficiente, encendiendo neuronas en esa región, aprenderás habilidades tales como pegarle a una pelota de tenis o esquiar. El dolor se aprende a través del sobreestímulo de las neuronas de la corteza somática, de modo que, simplemente, al tocar algo la sensación se desencadena más fácilmente, magnificando la angustia. Así, la memoria es el resultado de una potenciación a largo plazo que provoca que las neuronas estén más encendidas.

La mayor parte de la comprensión sobre la memoria procede tanto de los accidentes cerebrales como de los traumas. Hay un tipo que se llamaba H. M. que, cuando tenía nueve años, se cayó de su bicicleta. Estuvo bien durante un tiempo, pero cuando llegó a los 25 comenzó a tener crisis severas. Para hallar una manera de aliviar esos episodios, el cirujano le extrajo ambos lados, el derecho y el izquierdo, del hipocampo; nunca nadie había hecho eso antes. Comía y no sabía qué había comido y volvía a hacerlo. Cada vez que se encontraba con alguien era como si fuera la primera vez que lo veía. (No tenía memoria a corto plazo). Si fueras un humorista, ese hombre habría sido tu público ideal. Así se puso de manifiesto que necesitas tu hipocampo para convertir la memoria a corto plazo en la de a largo plazo. Lo sorprendente fue que podía recordar todo lo anterior al accidente, de manera que su memoria a largo plazo estaba intacta. Está claro que la memoria se almacena en otras partes del cerebro.

Hay dos importantes tipos de procesos de la memoria; el explícito y el implícito:

La memoria explícita
Almacenada en el hipocampo y la corteza temporal media los hechos, los eventos, la gente y los lugares. Necesitas hacer un esfuerzo consciente para recordarlos, ¿cuándo y dónde te dieron el primer beso? En mi caso fue en mi armario con Dios sabe quién… Yo estaba borracha. (Tengo la esperanza de que haya sido con una persona y no con un zapato).

La memoria implícita
Éstos son los recuerdos inconscientes: cuando aprendes a montar en bicicleta estás encendiendo grupos de neuronas que te ayudan a pedalear y a mantener el equilibrio, y cada detalle se vuelve automático, para que no tengas que volver a pensar para recordarlo. La memoria implícita se almacena en diversos sitios del cerebro; el movimiento en la corteza

motora y el cerebelo, y la memoria de ciertas emociones se guarda en la amígdala.

En los primeros 18 años de nuestras vidas, solamente codificamos la memoria implícita: olores, sabores, sonidos; sensaciones físicas y emocionales. El cerebro combina eventos similares y construye modelos mentales para los eventos repetidos. Si Mamá te abraza repetidamente durante tu infancia, comienzas a esperar los abrazos siempre que la ves. Esta información está integrada en tus conexiones sinápticas, que finalmente modelan tu cerebro, de modo que cada vez que ves a Mamá o a alguien que se parece a ella, estás «preparado» para recibir ese abrazo. (Encuentro a esa gente particularmente irritante, y aun peor, quieren que se les devuelva el abrazo. Voy a hacer una camiseta con la inscripción «Abrazos, no»).

Tu hipocampo junta imágenes separadas y sensaciones de la memoria implícita, como las piezas de un puzle, y las convierte en cuadros de material factual y autobiográfico.

Para asociar el detalle de una experiencia con un golpe emocional, el hipocampo tiene que actuar junto a otras áreas límbicas como la amígdala; ése es el motivo por el que nunca olvidas el aroma que tenía el mar la noche que tu novio te lanzó por un precipicio.

Cuando las imágenes y las sensaciones están en la memoria implícita y no están integradas en el hipocampo, quedan desconectadas del pasado. Esto puede explicar por qué tienes planos retrospectivos de las experiencias traumáticas, debido a que no puedes identificar el miedo y el pánico como pertenecientes al pasado.

La memoria autobiográfica

Cuando el tiempo pasa, reúnes y condensas más y más recuerdos de episodios en grandes archivos a lo largo del tiempo. En ese momento puedes relatar historias divertidas o tristes sobre diferentes épocas de tu vida, comparar diversas experiencias y crear una narrativa. Cuando elaboras esos múltiples episodios, eventualmente tienes tu autobiografía; ya puedes escribir un libro sobre la historia de tu vida (si es que alguien lo compra).

Cómo funciona la memoria

La mente siempre está registrando, tanto si estás despierto como dormido. A veces nos sumergimos en nuestra conciencia y puede que recojamos algunas palabras aleatorias o fragmentos de pensamientos y los enlacemos para conformar un relato. Esa pesca aleatoria en los pensamientos, no revela realmente quién eres. Me disculpo ante cualquier freudiano que lea esto, pero el escrutinio de las minucias de tus pensamientos es como estudiar tus heces a través de un microscopio. Si aprendes sobre ti de esa manera, que tengas suerte.

Siempre que uses la memoria, la estás recuperando del almacén de varias partes del cerebro que funcionan a la vez para crear el evento recordado. Ella utiliza el impacto emocional: tu miedo, alegría o vergüenza, para colorear la manera en que recuerdas algo. La imagen queda impresa en función de cómo te has sentido. También tus sentimientos en determinada situación serán diferentes de los de otra persona, igual que lo son tus huellas digitales. Ésa es la razón por la que muchas personas recuerdan la escena de un crimen de forma diferente. Todos estamos sesgados en términos de cómo abordamos el pasado. Cada vez que un recuerdo es invocado, es una fusión de diversas secciones del cerebro. Si lo invocas una y otra vez obtienes versiones de antiguas versiones como en un elaborado juego del teléfono, en el que los mensajes se van pasando de una a otra persona, y cada vez se distorsiona más el mensaje original.

Nuestros cerebros coleccionan imágenes desde el momento en que nacemos y las archivan como seguras o peligrosas. Siempre que vemos a alguien o a algo, nos sumergimos en nuestros recuerdos para ver a quién nos recuerda esa persona o escena. En nuestra corteza visual hay una zona de reconocimiento de rostros. Su función es comparar quién está frente a ti con los rostros que recuerdas del pasado. Todo esto ocurre en una billonésima de segundo y por debajo del radar, de manera que no nos damos cuenta de lo sesgado que está nuestro juicio cuando conocemos a una persona nueva, lo que nos convierte a todos en cerdos racistas, intolerantes y sexistas. De modo que si conozco a una mujer mayor, ligeramente obesa, con los cabellos teñidos de rojo y gafas de montura metálica, probablemente actúe con ella de manera hostil, porque mi abuela se parecía a ella y siempre se quitaba la dentadura postiza delante de mis amigas. Esa pobre mujer no sabe por qué yo la trato como si fuera leprosa.

Todo el cerebro funciona como una unidad para mantenerte con vida. ¿No es conmovedor? Alguien se ocupa de que sea así. Tú. Cada una de las partes de tu cerebro no sabrían qué hacer individualmente y serían simplemente una masa inútil, pero todas juntas son más complejas que el universo y más allá (véase *Star Trek*).

Digamos que vas andando por la jungla y hay algo con una forma curvada en el suelo. En las breves primeras décimas de segundo, la luz se refleja en ese objeto y se envía a la corteza occipital, donde es registrada; luego se envía al hipocampo (el archivador) para ser posteriormente procesada y evaluar si es una amenaza o una oportunidad. Si el hipocampo tiene la más leve percepción de que puede tratarse de un peligro, te envía una mensaje de «salta-ahora-comprueba-después», que le informa a la amígdala, que a su vez hace sonar la alarma: «Emergencia, emergencia». Esta advertencia se le notifica a tu sistema de combate o huye, tanto neuronal como hormonal, y en ese punto tus órganos reproductivos y digestivos se cierran porque, como ya he dicho, lo último que necesitas hacer cuando estás a punto de ser eliminado es comer o mantener relaciones sexuales. Casi inmediatamente, la sangre y el oxígeno se vierten desde tu cerebro y se inyectan en tus brazos y piernas para que estés a punto de para combatir o huir. Tu corazón se acelera, igual que tu respiración. Tu memoria y tu claridad de pensamiento quedan suprimidos porque toda tu glucosa y tu sangre han evacuado el edificio y se dirigen hacia tus zonas periféricas.

Mientras tanto, la lenta corteza prefrontal ha ido arrancándole información a la memoria a largo plazo, tratando de descubrir si el objeto curvo en cuestión es un palo o una víbora. Puede registrar que nadie en los alrededores ha sentido pánico y, después de unos segundos, acceda a las neuronas que es necesario encender y que te informan de que es un palo. ¿Qué te parece como trabajo en equipo? Eventualmente, esta experiencia hace su recorrido hasta los centros del lenguaje, pero mucho más tarde, de modo que en el pico del pánico, te quedas sin palabras. Te lleva algo así como 240 milésimas de segundos incluso emitir un gruñido. Y entonces puedes comenzar a soltar tacos.

Cómo te desarrollas

La evolución tiene su papel en la creación de un cerebro dependiente de la experiencia de que hayas nacido invertido (no entres en pánico, todo se elabora), de modo que, cuando eres sólo un embrión de un mes, tu capa externa de células se pliega formando tu tronco cerebral y ésa es la razón por la que nuestros interiores cierta vez hayan estado literalmente conectados con el exterior. El ADN instruye a las neuronas sobre el área a la que deben migrar. Es entonces cuando ellas se conectan entre sí, basándose en tu experiencia, y eso, en definitiva, va a determinar cómo está formado tu cerebro. Sólo las más fuertes y más a menudo utilizadas neuronas sobrevivirán y el resto morirá, como el esperma que no consigue darse el gran baño.

De algún modo, cada célula individualmente tiene que saber si pertenece a tu nariz o es parte de la uña de tu dedo gordo, y encuentra su camino hacia esa zona en particular. Sin GPS ni nada por el estilo. ¿Puedes imaginarte un reto como ése? Trillones de células tratando de armar el puzle de todas tus partes; lo que hace de ti lo que tú eres. Debe ser como la hora punta del tráfico elevada al cuadrado. ¿Cuáles son las posibilidades de que salgas vagamente normal y no con el aspecto de un Picasso, con tres pechos saliendo de tu frente? Yo no apostaría por las probabilidades. Y digamos que tú formas toda la dotación de miembros y dígitos y un cerebro que funciona; ahora dependes de tus padres (dos descendientes de una ameba unicelular) para que llenen tu estrecho y vacío cerebro con la primera cucharada de conocimiento; enseñándote a hablar, andar, pensar sentir, coquetear y perder el control. Ésa es la razón de que cada uno de nosotros, en cada generación, tiene que enfrentarse con este dilema universal: ¿qué es lo que se supone que estamos haciendo aquí?

Cómo se desarrollan nuestros cerebros

Los reptiles ponen algunos huevos o, sencillamente, se paran y los reparten, y siguen avanzando; sin sentimentalismos se van para aparearse nuevamente en algún sitio con alguien que los monta, mientras ellos disfrutan en algún césped. Luego, el bebé sabe automáticamente cómo nadar, deslizarse, trotar o volar. Nosotros nacemos sin saber nada y, simplemente, estamos ahí echados en nuestra propia suciedad hasta que alguien nos levanta y nos molesta para cambiarnos los pañales. Ellos (los animales) no necesitan un manual: saben las cosas. Comparados con otros primates, los humanos nacen muchísimo antes de que su cerebro esté maduro. (Si pudiéramos estar en el vientre de nuestras madres hasta que nuestros cerebros estuviesen completamente desarrollados, deberíamos estar allí unos 24 meses). La única razón por la que nacemos a los nueve meses es porque nuestras cabezas no podrían pasar a través del canal vaginal si estuviéramos tanto tiempo ahí dentro, y acabaríamos causándole un serio daño a Mamá; ella probablemente nunca podría volver a andar y nos demandaría por los daños personales sufridos. ¿Conoces esa escena de *Ben Hur* en la que atan cada pierna de un hombre a un elefante y luego gritan «¡Arriba!»? Eso es lo que Mamá sentiría.

Los genes construyen el andamiaje de tu cabeza *in-vitro,* pero una vez fuera, Bebé sólo tiene su cerebro anfibio básico, sólo lo suficiente como para mantener su corazón y su respiración funcionando y eso es todo. Pero no todas son malas noticias, la evolución puede ser a veces inteligente y, debido a que venimos tan poco cocidos, el desarrollo de nuestro cerebro depende de nuestra experiencia externa. Tenemos mucho que aprender una vez que estamos afuera, de modo que necesitamos estímulos exteriores para desarrollarnos, lo que es una bendición, porque sería imposible aprender taquigrafía o *ping-pong* mientras estamos dentro del vientre. Es una idea muy astuta porque nadie sabe dónde irás a nacer y necesitarás de diferentes habilidades, dependiendo del área y la cultura en la que vayas a caer. Si has nacido en el Sahara, es bueno que tengas una estructura que te haga competente en las diversas razas de camellos, o si naciste en Nueva York, te será de mayor ayuda desarrollar habilidades motoras para tocar el claxon y chillarles a otros conductores. Tenemos mucho que estudiar. (Esto se denomina *darwinismo neuronal*).

A los tres años, el cerebro de un niño ha formado unos 1.000 trillones de conexiones sinápticas. En ese punto, el crío está equipado para hablar cualquier lenguaje del mundo. Sus oídos, lengua y boca están listos para pronunciar y oír cualquier sonido o acento que pueda serle necesario, dependiendo de dónde haya nacido.

Los sonidos que hay a tu alrededor dan forma a tu lengua y a tu paladar; así, los primeros 16 meses determinarán tu acento. Si eres chino, probablemente abandonarás las erres durante el resto de tu vida. «Lo ziento, pelo es cielto». Si eres alemán, es muy probable que tu garganta haga ese sonido, que se oye como si estuvieras a punto de soltar flema.

Antes de que aprendas a hablar, tu cerebro es como un montón de goma de chicle, de manera que es posible emprender el aprendizaje de cualquier lenguaje, con el perfecto acompañamiento del acento y, salvo que te vuelvas impresionista, te quedarás con él. Mejor que lo aprendas rápido, porque después de los dos primeros meses, la mitad de tus neuronas caerán muertas.

El hemisferio derecho tiene una tasa de crecimiento más elevada durante los primeros 18 meses, lo cual establece las estructuras básicas del apego y la regulación emocional. Durante el segundo año de vida, se produce un estirón en el hemisferio izquierdo. Aprendemos a gatear, después a andar y, entonces, hay una explosión de habilidades de lenguaje tales como decir «pu, pu». Las manos y los ojos se conectan más con los estímulos visuales y se desarrolla el vocabulario, de modo que en ese momento podemos demandar cosas como un sonajero con hielo y un chorrito de vermú. Las áreas del lenguaje se activan aproximadamente a los 18 meses de nacer y los niños comienzan a desarrollar una autoconciencia, y pueden reconocerse a sí mismos en un espejo. Éste es el nacimiento del concepto del «Yo»; cuando percibes ese sentimiento de que tú eres tú, si entiendes lo que quiero decir.

Cuando Bebé madura, los circuitos neuronales guiados por el entorno se conectan. Al desarrollarse los sistemas sensoriales, realizan aportes crecientemente precisos para configurar la formación de la red neuronal y los cada vez más complejos patrones de comportamiento. Bebé ya puede dibujar como Rembrandt. Los movimientos y la red emocional se conectan con el sistema motriz, de modo que puedes escupirle a alguien a la cara porque te ha cabreado. Ahora, todas las conexiones del comportamiento, el movimiento, la experiencia sensorial y las emociones están conectadas y se nutren las unas a las otras de información, a través de una red de información similar al de un complejo sistema telefónico. La integración de los hemisferios derecho e izquierdo nos permite convertir los sentimientos en palabras. El vínculo de dichos hemisferios se realiza a través del contacto visual entre Mamá y Bebé, las expresiones faciales y el lenguaje del «ajó ajó» que se denomina «la lengua maternal». (Algunas lesbianas lo usan con sus gatos). El bebé imita a Mamá y él o ella aprenden a trasformar los sentimientos en palabras. Entonces, cuando Mamá mece al bebé, sus hormonas se liberan para que éste se sienta seguro. Un juego del escondite activa el sistema nervioso del bebé con el arte de la sorpresa y produce cascadas de procesos biológicos elevando la excitación de Bebé. El juego del escondite no es sólo una actividad carente de objetivo, sino que cultiva el cerebro. De modo que olvídate del ajedrez y el Sudoku, sólo salta sobre alguien desde detrás de la puerta, estarás haciéndole un gran favor, multiplicando por miles su cociente intelectual.

El recuerdo de cómo Mamá es con Bebé influye sobre la fisiología, la biología, la neurología y la psicología de éste. La manera en que madura el cerebro se ve afectada por cómo ella te depositaba, te sostenía, te sonreía, te ignoraba o te olvidaba; ella es la superreguladora, la gran jefa del desarrollo cerebral. Los grupos neuronales para el aprendizaje social y emocional están esculpidos por la sintonía entre Mamá y Bebé. Ella cultiva esas neuronas en el bebé teniendo contacto visual directo entre su ojo izquierdo y el derecho del bebé. Eso es por lo que Mamá habitualmente sostiene al bebé con su brazo izquierdo para hacer más fácil dicho contacto. Cuando contemplan uno el ojo de la otra, sus corazones, cerebros y mentes se vinculan. Estas interacciones cara a cara aumentan el consumo de oxígeno y la energía. Sostener al bebé en esta posición también supone que puede oír los latidos del corazón de Mamá. Al ver su rostro afectuoso mirándolo, se disparan grandes cantidades de opiáceos endógenos en Bebé, de modo que experimenta placer en posteriores interacciones sociales, por la positiva y excitante estimulación de Mamá.

Si la madre se conecta demasiado, eso afecta al bebé y más tarde puede sentir que la gente invade su espacio. Si, por otro lado, está demasiado desconectada, más adelante en la vida puede sentirse abandonado y convertirse en un humorista que constantemente requiere atención. Si la madre tranquiliza al bebé aterrorizado, él aprende a regular su propio miedo. El rostro de su madre le enseña qué es seguro y qué no lo es. Si ella demuestra miedo o cualquier otro estado negativo, el bebé lo internaliza. Si expresa depresión o, si su rostro carece de expresión, el bebé, al no ser capaz de pensar que algo no anda bien en su madre, cree que él es la causa, y así tiene una mayor posibilidad de sufrir depresión o alguna otra disfunción mental él mismo, al conservar e idealizar la imagen de su cuidadora, su supervivencia depende de ella. Los bebés están hechos para vincularse y responder al mundo. Si no obtienen respuesta, dejan de vincularse y se pueden convertir en seres congelados desde el punto de vista emocional.

Sostener al bebé y separarse de él, algo que se repite continuamente entre madre e hijo, ayuda a éste a autorregularse a lo largo de su vida, mientras aprende cómo cuidar de sí mismo. Cuando la madre lo sobreprotege puedes ver rápidamente los resultados: la primera novela de todo niño judío es sobre madres que nunca te dejan marchar.

La neuroplasticidad

Como he dicho justo al principio de este libro, hace más o menos diez años se pensaba que por el factor génico tú estás fuertemente programado desde el nacimiento; aprisionado por tu ADN. Pero ahora la ciencia ha roto ese grillete; el cambio es posible hasta bien avanzada la vejez. Fue gracias a un científico llamado Michael Meaney que la idea del determinismo genético fue derrumbada como el Muro de Berlín; un día estaba ahí y al siguiente ya no. Sus experimentos con ratones demostraron que la manera en que las madres tratan a sus bebés determina qué genes del cerebro del retoño se encienden y cuáles se apagan, demostrando que los genes con los que hemos nacido son simplemente los primeros intentos de la naturaleza. Los genes que te hacen tímida, resiliente, ansiosa o exuberante están configurados por la conducta materna. Si ésta cambia, los genes cambian. Asustadizos bebés de ratón se pusieron junto a las ratas madres cuidadoras y, cuando fueron lamidos en lugar de ser ignorados, su expresión genética real cambió, probando que no nos mantenemos cautivos de nuestros genes.

(Yo no hubiera querido que mi madre me lamiera, pero quizás eso me hubiera hecho más positiva y vital. ¿Quién soy yo para decirlo?). Sin embargo la cuestión es, tal como ejemplificaré en la cuarta parte, simplemente recordarte que el cerebro cambia continuamente a cada mirada, sonido, sabor, contacto, sentimiento, etc. La experiencia y el estudio remodelan nuevos circuitos (neurogénesis).

Conocemos algunos de nuestros ingredientes y lo que hacen, y puede ser que en los años venideros seamos capaces de trasmitir algún tipo de receta para poder cambiar lo que somos, de día en día. Quizá decidiremos tomar una cucharada de oxitocina y echarle unas gotas de dopamina para sentirnos bien al terminar nuestras tareas hogareñas.

Pero, ahora mismo, la práctica de Mindfulness te ofrece algunos de los utensilios que te ayudan, convirtiendo algo que se te ha quemado y estropeado en algo que tienen, buen sabor y reconforta interiormente.

Una última cosa

Antes de que vaya a la cuarta parte, solamente quiero llamar tu atención sobre lo desacertados que estamos al insistir en que el mundo exterior es tal como lo vemos. Mucho de lo que ves ahí fuera está fabricado por tu cerebro, pintado como los gráficos que son generados por un ordenador, para una película; sólo una pequeña parte de lo que ingresa en tu lóbulo occipital procede directamente del mundo exterior, el resto proviene de los almacenes de la memoria interna y de otros procesos. Piensa en el área de tu corteza visual, un espacio de proyección, creando lo que hay ahí fuera a partir de la información entrante. En realidad, vemos al mundo en imágenes fijas aisladas y es una parte de tu cerebro lo que las hace parecer en constante movimiento. Hay aproximadamente 70 áreas en funcionamiento para crear un cuadro coherente del mundo; una parte aporta color, la otra movimiento, otra distinta bordes, una más recoge formas y otra, aporta sombras. No hay ninguna parte individual que consiga pintar el cuadro completo. Y en otras zonas, completamente distintas, las imágenes adquieren un nombre, o una asociación o una etiqueta emocional.

Perdón por ser de nuevo portadora de malas noticias; vivimos en una *realidad virtual*. Piensa en *El mago de Oz:* has estado dirigido por el tipo que está detrás de la cortina. Tú consigues planos que penetran aleatoriamente en tu conciencia, nunca la película completa. De manera que mientras estás obteniendo esos fugaces planos para hacerte sentir que todo eso está ocurriendo, un trillón de cosas están sucediendo ahora mismo en tu interior sin que lo sepas.

Cuando te despiertas por la mañana, recuerdas quién eras el día anterior debido a que billones de neuronas, que navegan eléctricamente por todo el cerebro, trabajan a todas horas para hacerte creer que tienes unidad y mantienen tu deseo de existir.

Otra cosa que hace tu notable cerebro es mantener a tu corazón latiendo más de 100.000 veces al día, lo que es lo mismo que 40 millones de latidos por año, bombeando casi cuatro litros de sangre por minuto, a través de un sistema de canales vasculares de aproximadamente 96.500 kilómetros de longitud o dos veces la circunferencia de la Tierra.

¿Debo seguir? (Sáltate el resto si te parece demasiado). Justo ahora mismo, 100.000 reacciones químicas están teniendo lugar en cada una de tus células. Multiplica 100.000 reacciones químicas por los 70 o 100 trillones de células de las que te compones. (Yo no puedo hacerlo, pero puede que tú sí). De modo que, mientras tu cuerpo está haciendo sus «cosas», puedes usar tu mente para conseguir calma y felicidad. Vaya transición que he hecho para presentarte el Minfulness.

CUARTA PARTE

MINDFULNESS:
DOMAR / DOMESTICAR TU MENTE

Mi historia

Estudiar neurociencia me dio seguridad cuando descubrí que bajo nuestro cuero cabelludo, si nos destapas, todos parecemos bastante iguales. Al comprender eso sentí que era parte de la raza humana. Qué alivio. (Buenas noticias para mí, malas para la raza humana). Pero el curso en Oxford no era solamente sobre el cerebro, era también estudiar Mindfulness. Yo pensaba en mi caso: con la ópera wagneriana, sonando 24 horas durante 7 días a la semana, jamás había sido capaz de encontrar la paz interior como reza la publicidad de la etiqueta. En principio, ¿cómo iba a estar tranquilamente sentada cuando soy una cazadora profesional de cojines a rayas azules? La verdad es que decidí seguir adelante porque descubrí que a las palabras «medicación» y «meditación» solamente las diferencia una letra, de modo que pensé, ¿por qué no? (¿Y para eso tenía que ir a Oxford?).

Probablemente no haga falta mencionar que era muy escéptica sobre el estudio de algo conectado con la meditación. Pensaba que era una cosa budista, en la que tienes que usar palabras como shuranana murtisugamutisatimanyannanaan, un estallido de letras sin sentido. Yo tampoco estaba por la labor de adorar a un elefante con mil brazos o a un gordo sonriente. Antes de involucrarme, siempre quería que las cosas fuesen tangibles; que yo las pudiese ver, saborear o tocar. Si alguien movía un cristal frente a mí o intentaba leerme el aura, yo continuaba amablemente la conversación, sonriendo y moviendo mi cabeza aprobando; pero en mi interior, para mí estaban muertos. Incluso podría haber apuntado sus números de teléfono, pero finalmente los hubiese tirado.

Es erróneo el rumor de que el objetivo del Mindfulness es vaciar tu mente; necesitas tu mente para analizar, memorizar, crear y, lo más importante, para existir. La mente nunca puede estar vacía mientras estás viva, incluso durante un coma tu mente continúa parloteando. El truco es aprender a vivir con la implacable banda de sonido.

No es fácil. El Mindfulness es como el entrenamiento en un campo militar mental; no es para los pusilánimes, porque la mente es como un animal salvaje demandando que obedezcas todos sus caprichos. Y tú te has acostumbrado tanto a ser su esclava, que obedeces: «Ve a hacer esto», «ve a escribir un email», «ve al jardín», «ve a aprender yudo», «ve a remar a través del Atlántico». Los «ve a» nunca se acaban y siempre hacemos lo que nos dicen. Es mucho más fácil seguir apegados a lo que estás acostumbrada; ciertamente es menos amenazador que la incertidumbre, incluso aunque sufras por ello. La mayoría de nosotros creemos fundamentalmente que no podemos cambiar y que nuestros pensamientos definen lo que somos. Ése es el motivo por lo que oyes la expresión: «Está fuera de mi control». La gente opina que sus pensamientos son fijos e inmodificables.

Domar / domesticar tu mente

Con la práctica de Mindfulness, eventualmente, domarás, tranquilizarás y te harás amigo de ese potro que es la mente, tomando suavemente las riendas y conduciéndola hacia donde tú quieras. Si azotas o tratas al caballo con crueldad, lo más probable es que te tire al suelo y te pisotee. Si eres amable con él, lo tranquilizas, les das un breve paseo, un poco de forraje y le gritas cariñosamente ¡Arre!, eventualmente se calmará. Lo mismo ocurre con la mente; si eres autocrítica y exigente, no sólo sufres, sino que te amonestas a ti misma por ello: «¿Por qué me siento así? No debo sentirme de esta manera. He provocado esta forma de sentir, porque soy tan… (rellena el espacio en blanco, pero haciendo que sea horrible)». Cuando la mente se agita y se pone negativa, si eres paciente y amable contigo, eventualmente se calmará y experimentarás ese algo que llamamos paz y, en el mejor de los casos, felicidad. (Para aquellos de nosotros que hemos sido los grandes matones de nosotros mismos durante la mayor parte de nuestras vidas, éste es un inmenso desafío).

Es parecido a cuando estás discutiendo con alguien, si mantienes la agresividad, el conflicto continúa; pero si una persona comienza a mostrar empatía y amabilidad, el nivel desciende desde ser como una fuerte tormenta hasta convertirse en un soplo de viento.

Eso no significa que tengas que quedarte sentada como un trozo de tofu, con un bindi decorando tu frente, y oyendo el sitar; significa que cuando tu mente hace lo que todas hacen, que es cambiar –cambiar constantemente y no parar nunca de parlotear– no la combatas, sino que, en lugar de eso, compréndelo y acéptalo tal como es.

Cuando retrocedes y sólo observas tus pensamientos y sentimientos, te sientes menos dispersa, más anclada y tus reflexiones son más claras. Los pensamientos negativos no son malos en sí mismos, pero, cuando nos lanzamos a la rumiación, nos estamos dando a nosotros mismos un golpe doble. Yo estoy pensando: «He tenido un fracaso, por tanto, tengo que ser un fracaso, para pensar de esta manera». Cuando sientes que estás hundida hasta las rodillas en un estado de ánimo negativo, no es sólo el ánimo lo que causa tu sufrimiento, es la forma en que reaccionas ante eso. De manera que no sólo te has clavado una flecha, y eso duele, sino que te clavas otra más, para castigarte por sentir dolor. Esa segunda flecha que te disparas por sentir ansiedad, estrés o depresión es con mucho la que más angustia te provoca. El dolor existe, pero sufrirlo es una opción. Si tu estado de ánimo es desdichado no lo puedes parar, pero sí puedes parar lo que te ocurra luego. De hecho, el miedo nunca es tan malo como tenerle miedo al miedo.

No sobrevivimos sin emociones y pensamientos, son señales para conseguir satisfacer nuestras necesidades, de lo contrario, Mamá no come ni consigue tener zapatos nuevos. Estas emociones se han desarrollado para ayudarnos a hacer algo con respecto a una situación complicada en la que nos encontramos; el miedo lo desencadenan los peligros que acechan, la tristeza se suscita cuando algo pierde su valor. Se siente disgusto cuando algo se deteriora. El enfado surge cuando un objetivo se ve obstaculizado. Todos estos sentimientos son temporales, están ahí para alertarte de que tienes que remediar el problema, rápidamente. Cuando la situación se resuelve, el alto octanaje de cada una de esas emociones se desactiva. La única razón por la que las emociones se quedan ahí es por nuestras propias reacciones emocionales ante ellas. El problema no es el miedo o la tristeza; es la manera en que tu mente reacciona a esos sentimientos. Cuando tratamos de librarnos de ellos, creamos tensión, lo que empeora la situación.

A veces tengo ese dolor familiar en mi corazón y una sensación de vacío punzante en la caja torácica. Ni siquiera sé qué es lo que la provoca; simplemente me resulta tan familiar como una visita horrible. Lo que me pone violentamente de rodillas es el todavía mayor dolor en el corazón que siento al reconocer que ese horrendo invitado ha vuelto a venir.

Mi historia

Puede que sea mi depresión la que convirtió en una emergencia que practicara Mindfulness. No es porque sea más santa que tú, es porque necesitaba seriamente alguna manera de distinguir mis negativas, pero útiles voces, que sólo Satán puede haber grabado. El problema con la depresión es que no la ves venir. La práctica rutinaria de Mindfulness me dio la capacidad de mantener mi oreja pegada al suelo para percibir alertas tempranas; el golpeteo de la Tierra vibrando antes del tsunami. Estoy segura de que lo mismo les sucede a los discapacitados físicos: no tienen otra opción que hacer ejercicios a diario para controlar el dolor. La práctica rutinaria de Mindfulness y el ejercicio físico son las formas más efectivas para tener una vida mejor, pero la mayoría de nosotros hacemos lo que sea para evitarla. Esto parece ser algo universal en la condición humana; evitamos aquello que es bueno para nosotros, no me preguntes por qué.

Mindfulness significa prestar atención intencionadamente, en el momento presente, sin juicios críticos (no te castigas a ti misma al darte cuenta de que no estás en un buen sitio). Una vez que retrocedes, no tratas de hacer que las cosas sean diferentes, ni siquiera se trata de relajarte, sino de ser testigo de lo que está pasando, sea lo que sea, sin el habitual comentario crítico. En lugar de huir o reprimir los pensamientos y sentimientos negativos, es aprender a relacionarte con ellos desde un ángulo diferente, experimentándolos a través de una óptica distinta. El esfuerzo por tratar de cambiar las cosas para que dejen de ser como son es lo que, en última instancia, nos deja exhaustos.

El Mindfulness no es complicado, es algo que todos podemos hacer: percibir las cosas. Sólo con retroceder y estar alerta, inmediatamente adquieres una nueva visión de tu mundo interior y exterior, a la vez que se producen cambios internos en el cerebro (que se comentarán luego). Al agudizar la visión de lo que está pasando ahora mismo, comienzas a darte cuenta de que los pensamientos no son hechos, están cambiando constantemente de modelo; llegan, se trasforman, se dispersan y se disuelven. Finalmente puedes experimentarlos, no como algo sólido o amenazante, sino como un ruido ambiental de fondo. La idea es relacionarse con los pensamientos como simples hechos cerebrales, en lugar de como con verdades absolutas. Los pensamientos no son lo que eres, son patrones habituales de la mente, nada más, y tan pronto como los ves de esta manera, pierden su aguijón. Yo pienso en ellos como en el sonido de una radio que suena en otra habitación; puedo prestarle atención, cantar con ellos si quiero y también puedo escoger ignorarlos. La gran idea es: LOS PENSAMIENTOS NO SON TUS AMOS, SON TUS SIRVIENTES.

Esa vieja mente sigue dando vueltas

La mente está siempre coleccionando y recopilando información de los sentidos, el medio ambiente o de otras partes de la propia mente. Regularla es como conducir un coche y cambiar constantemente de marcha para ajustarse a las siempre variables condiciones del camino. Así como cada marcha tiene un propósito, lo mismo ocurre con los cambios de la mente. El coche puede ser automático o manual, lo mismo la mente; puedes escoger responder automáticamente o invalidar eso. Es imposible que un coche circule con las dos modalidades a la vez. Lo mismo ocurre con la mente: no puede estar en dos modalidades a la vez porque ambas requieren el mismo mecanismo mental.

El Mindfulness te enseña a estar alerta de en qué marcha estás y te da las herramientas para retirarte o participar cuando lo deseas. Los dos modos de la mente, el automático o el manual, pueden denominarse el modo de «hacer» o el modo de «ser». La práctica de Mindfulness agudiza tu enfoque, de modo que puedas hacer algo sobre el hecho de que tu mente esté constantemente distraída y mentalmente secuestrada.

El modo de «hacer»

Vivimos en un constante estado de deseo y esa necesidad de éxito está integrada en nuestra cultura. Si no alcanzamos los objetivos autoimpuestos, podemos experimentar un sentimiento de desvalorización. En mi opinión, ésa es la razón por la que mucha gente compra demasiado. Puede que sientan que no tienen valor, pero que sus ropas sí lo tienen.

Aquí hay otro gran don / fallo: nuestra capacidad para llenar el vacío entre desear algo e imaginar cómo conseguirlo. Eso es lo que hace de nosotros una especie superior, el que podemos repasar hechos pasados para asegurar resultados exitosos en el futuro; llenar ese vacío que hay entre donde estamos y donde queremos estar es probablemente nuestra mayor guía motivacional. Así es como nace una estrella. Así es como logramos, creamos, producimos y cumplimos el plazo; si no tuviéramos esa capacidad seríamos simplemente babosas. Hay una fina línea entre desear realmente el logro de algo y el propio núcleo duro del deseo, y ahí es donde puede que comiencen el desgarro y las lágrimas de la fábrica humana. Cuando conseguimos algo que hemos deseado ansiosamente, la necesidad disminuye, lo que son buenas noticias hasta que aparece el siguiente deseo. Eso nos coloca en un constante estado (véase dopamina) de deseo, necesidad, ansia, codicia y la mayoría de los siete pecados capitales. (Por favor, no dejéis que empañe los trofeos aquellos de vosotros que acabáis de ganar un premio académico o una medalla en los Juegos Olímpicos: bien hecho, de verdad).

Otro desgarro que ocurre en la psique es cuando esa necesidad de llenar el vacío cambia y, súbitamente, queremos saber cosas como: «Por qué no soy más alto, más sexy, más exitosa?». El problema es que la mente no puede distinguir entre la resolución de los problemas cognitivos y las preguntas retóricas: «¿Por qué me despide? ¿Por qué no recibo más tuits? Debería ser más feliz, más exitosa, más bella…». Cada una de estas preguntas solamente te conduce a otra y a otra más, porque no hay una respuesta definitiva, tienes que volver a caer en tu viejo leitmotiv: «No puedo hallar una solución, de modo que debo ser una fracasada / débil / estúpida». (Escoge tu propio veneno).

Esos huecos de conocimiento son imposibles de llenar, porque no hay respuestas para las anteriores y solamente pueden conducir a más preguntas, ésa es la razón por la que muchos existencialistas se volvieron locos de tanto pensar: «¿Por qué sufrimos?». No hay respuesta para eso, incluso si eres Sartre y fumas en los cafés de París con tus sonrientes y barbudos amigos. Todos esos conceptos como «si solamente» o «yo debería tener» acaban en lágrimas. Eso es por lo que algunos de nosotros nos arrastramos por la vida persiguiendo estatus, metas o aprobación (véase cómicos en el escenario). Ése es el fallo de nuestra maquinaria, tenemos que llenar el hueco para hallar una solución y así entramos en un frenesí de análisis hasta que no llegamos a nada, y entonces nos dirigimos a las alturas: «¿Qué es lo que falla en mí?, debo de ser idiota». Enfurruñarse es el problema, no la solución. Y la mente estará en un grado tal de frenético análisis del pasado o del futuro, que el presente no se estará usando en absoluto en el frente de resolución del problema.

El pensamiento crítico es uno de nuestros logros más elevados, además de comer con tenedor, de modo que, cuando emocionalmente no podemos conseguir lo que deseamos, tenemos que pensar en la manera de resolverlo y ahí es donde nos estrellamos y nos quemamos.

Mi historia

No sé si necesito mencionar mi permanente residencia en el «hotel de la modo de hacer». Mi rutina diaria, antes de que comenzara a practicar Mindfulness, implicaba saltar de la cama a las seis de la mañana, después de haber tenido terribles pesadillas sobre cosas que había olvidado hacer, a lo que le seguía un ataque de pánico sobre tener que comprar un equipo de buceo, que no iba a necesitar hasta mis próximas vacaciones, unos seis meses después. Pero yo sentía que podía poner en peligro mi vida si no cazaba uno en cinco minutos. Como el tipo del *Dr. Strangelove*,[51] mi brazo se lanzaría automáticamente hacia el ordenador para dirigirlo a Google, «traje de buceo», pero al mismo tiempo tenía que revisar mis mensajes electrónicos con la misma urgencia que la que probablemente tenía Obama de comprobar si Corea del Norte había hecho estallar algunas bombas nucleares. Ya te puedes imaginar que este modo de «hacer» me condujo a la extinción.

Sólo una nota: esa cualidad obsesiva de conseguir que las cosas se hagan «ahora», a la velocidad de la luz, me reportaron mucho éxito. El problema, como siempre, es que no podía encontrar el botón de apagado, de manera que todo era hecho a ese ritmo que lógicamente conduce al agotamiento. Ésta es una alerta a todos los alfas, sean hombres o mujeres.

La lección es: la manera en que ganas el dinero lo mismo puede enfermarte que conducirte al éxito, o ambas cosas. Depende de ti. Siempre y cuando seas consciente de que estás en el modo de «hacer», éste no se adueñará de tu vida. El Mindfulness significa tomar nota mental del estado en el que estás, no importa cuál sea. Se trata de darse cuenta.

«Ay, mi mente está realmente hecha un desastre con miles de rojos mensajes urgentes acumulándose allí». Y sin acompañar esta frase de: «Esto me lo he hecho yo misma, soy una catástrofe». O peor, dependiendo de cuánto eres capaz de castigarte a ti misma.

El piloto automático

Otra patada en el trasero / regalo de la evolución es nuestra habilidad para ir con el piloto automático puesto. Lo necesitamos para no tener que pensar en cada uno de los detalles que supone navegar en nuestro entorno,

---

51. Referencia a la película inglesa que en España se exhibió con el título *¿Teléfono rojo?, volamos hacia Moscú* y en Hispanoamérica, *Dr. Insólito o: Cómo aprendí a dejar de preocuparme y amar la bomba. (N. de la T.).*

de modo que agrupamos todos los minúsculos movimientos y hacemos las cosas sin tener que pensar en ellas. Eso es para conservar la energía de nuestro cerebro, y cada vez que aprendemos a realizar una actividad, no tengamos que pensar en ella paso a paso; no nos hace falta pensar, «pon la llave, enciende el motor, mira por el retrovisor, suelta el freno», o «toma el tenedor, llévatelo a la boca, mastica, traga, etc.». Nuestros cerebros pueden encadenar miles de acciones y hacer que parezcan impecables; la información está dentro de nuestro inconsciente y podemos dormirnos al volante.

Prácticamente puedes hacer cualquier cosa en tu vida con el piloto automático; el problema es que estarás perdiendo gran parte de tu existencia, yendo simplemente de una actividad automática a la siguiente, y eso se convierte en un hábito. Puedes acabar pensando, comiendo, leyendo, casándote y muriendo, envuelta en una bruma de inconciencia. Algunas personas lo hacen. Lo que sucede es que si vives con el piloto automático, dejas de advertir lo que ocurre delante de tus propios ojos, sin prestar atención al momento presente. Si estás continuamente con el piloto automático, no querrás saber que tu vida se ha convertido en una lista de cosas que hacer. Más adelante, incluso ver a un amigo se convierte en una tarea más.

Algunas preguntas útiles para descubrir cuánto tiempo pasas con el piloto automático puesto:

A. Cuando te sientas a comer, ¿una hora más tarde descubres que no tienes ni idea de lo que te has llevado a la boca?
B. Celebras una fiesta, ¿y cuando despiertas al día siguiente no tienes ni idea de lo que ocurrió y tú no bebes?
C. ¿Nunca subiste a tu coche y no recuerdas cómo llegaste a donde tenías que ir, probablemente dejando a tu paso una estela de muertos?
D. ¿Nunca volviste de las vacaciones y necesitaste mirar las fotos para recordar algo?
E. ¿Nunca te miraste en el espejo y te preguntaste: «¿adónde estuve durante los últimos veinte años?».
F. ¿Nunca saliste de tu casa y te diste cuenta de que olvidaste ponerte las bragas?

No hay respuestas correctas a estas preguntas, porque estas cosas nos pasan a todos nosotros. Excepto a Oprah y al Dalai Lama.

El pensamiento depresivo

He aquí un pensamiento depresivo. Se estima que tu perspectiva de vida es de 90 años y tienes 38, eso significa que te quedan aproximadamente 52. Ahora digamos que tú sólo eres consciente de un minuto, de cada tres a cinco días; eso puede significar que solamente te quedan unos 12 años en términos de tiempo consciente. Puede que no haya hecho el cálculo correctamente, pero ¿eres capaz de comprender mi punto de vista? (A mí me cuesta), pero lo que estoy tratando de decirte es que si le prestas atención a tu vida, en lugar de estar simplemente pasándola, aunque un médico te diga que sólo te quedan seis meses de vida, si estás despierta cada minuto, será más larga que si tienes 100 años para vivir en un estado inconsciente. Se gastan billones de dólares en alargar el tiempo de vida. Piensa en lo que se ahorraría si viviéramos con más conciencia, disfrutando de cada momento. Podemos tirar las vitaminas, las cremas hidratantes y los implantes quirúrgicos porque va a parecer como que viviremos eternamente. (Me apunto con el dedo a mí misma en lo que hace al frente quirúrgico).

El modo de «ser»

Puede que algunas personas piensen: «Ay, Dios, ¿qué pasa si me quedo estancada en el modo de «ser» y termino siendo igual que una planta de interior?». No te preocupes; nuestro defectuoso estado mental es el estado «ve a por ello» (de lo contrario, nadie jamás procuraría viajar en primera clase).

El modo de «hacer» te impulsa al «ve a por ello» para llenar el hueco entre desear y conseguir, mientras que el modo de «ser» no tiene voz, sólo siente algo directamente; y está en el corazón de la experiencia. No se trata de «soñar despiertos» o «no hacer nada escalofriante» (no tengo ni idea de lo que esto significa, salvo que sea tener intimidad con mis cubitos de hielo), pero lo he experimentado haciendo submarinismo; estando completamente presente en un estado de felicidad y al mismo tiempo con el pez.

Todos hemos sentido algo así en un determinado momento; mirando un crepúsculo, acariciando a tu gato, sonriéndole a una gaviota, un momento en que el tiempo se detiene y no sientes tanta preocupación por «ti». En ese modo, la mente no está flipando entre el pasado y el futuro, no tiene nada que hacer, ningún sitio al que ir, de manera que puede comenzar a asentarse y suavizar el caótico ritmo de la alta velocidad, y advertir qué es lo que está ocurriendo delante de tus ojos en ese momento, y experimentando los pensamientos como fenómenos pasajeros que surgen y desaparecen. Ese estado de «ser», tan hippy como suena, es algo realmente natural para nosotros. Ocurre siempre que experimentas algo directamente, sin los continuos comentarios añadidos. Sigues pudiendo cumplir con las cosas, pero las haces sin la orientación hacia la sobrecarga y sin quemarte. Como dice Lady Macbeth: «Querrías ser grande, no te falta ambición, pero careces de la maldad que habría de acompañarla».[52] (Y ella sabía un par de cosas sobre la enfermedad mental).

«Hacer» / «ser»: trabajando juntos

Con el Mindfulness aprendes a distinguir entre estos dos estados, modificando los engranajes mentales y decidiendo cuándo quieres estar en uno o en el otro: recuerda, es como los engranajes de tu coche, no puedes estar a la vez en el modo manual y en el automático. Puede que haya épocas en que quieres dejar que la mente divague (mientras sueñas despierta suelen surgir grandes ideas), tener reminiscencias del pasado o hacer planes de futuro, pero cuando quieres prestar atención, puedes modificar tu enfoque como si fuera el rayo de una linterna. A través de la práctica, aprenderás a distinguir cuándo te resulta útil un estado y cuándo no lo es. Puedes estar regurgitando alegremente ciertas antiguas imágenes y de repente han ido pasando las horas y los días, sin que te dieras cuenta de que habías estado encerrada y encadenada en la ruta de la memoria. Puedes atravesar toda una vida con tu cabeza soñando en otra vida, en lugar de vivir la tuya propia.

---

52. Macbeth de Shakespeare. Acto 1.º, escena V, en traducción de José María Valverde. *(N. de la T.)*..

Steve Jobs, el director ejecutivo de Apple y meditador, dijo: «Recordar que voy a morir pronto constituye la herramienta más importante que he encontrado para tomar las grandes decisiones de mi vida, porque casi todo –todas las expectativas externas, todo el orgullo, el miedo a la vergüenza o al fracaso–, todas esas cosas simplemente desaparecen frente a la muerte, dejando únicamente lo que de verdad importa».

Mi historia

Cuando mis hijos estaban creciendo, raramente yo podía aminorar el ritmo, estaba del todo impulsada por el modo de «hacer» la mayor parte del tiempo. Recuerdo que una vez, uno de ellos trataba de llamar mi atención sobre su hámster muerto, para que lo ayudara a disponer su funeral. Yo no podía colgar el teléfono, tan preocupada estaba con lo que sea por lo que estuviese gritando. Trataba de aparentar que me interesaba por el estado del hámster, pero no podía quitarme el tubo de la oreja.

Mis chicos me dijeron que pensaban que yo tenía dos teléfonos creciendo a ambos lados de mi cabeza, como si fueran orejeras. Incluso, una Navidad, vestida de Papá Noel, escondí un altavoz en mi barba; ellos lo sabían y, desde entonces, nunca han dejado de reñirme por eso hasta hoy. Siguen preguntándome cómo eran a cierta edad y cómo actuaban; yo tengo que verificarlo mirando los videos para poder responderles. Me da vergüenza decir que mi mente estaba en otra parte, ya fuera pensando y preocupándome por el trabajo que no había conseguido o por el que sí me habían dado. Me hubiera gustado practicar Mindfulness cuando mis hijos eran pequeños; hubiese podido recordar el nombre del hámster.

Aprender sobre Mindfulness

Si quieres aprender Mindfulness, puedes acudir a un experto instructor en Mindfulness para hacer un curso de ocho semanas de duración, y sesiones de dos horas. Para mí el manual de instrucciones *es* lo que enseña esas habilidades, pero, por favor, no penséis que soy una fanática y que ésa es la única forma de ver la luz. Cada cual tendrá su propia forma de «domar / domesticar» su mente. Pero cualquier opción que escojas, tiene que ser algo que no implique huir, alentar la negatividad, la represión o simplemente drogarte para ocultar tus propios pensamientos y sentimientos. Tiene que enseñarte a controlar tu mente; en eso reside la felicidad. Si puedes enfocar tu atención a voluntad, yendo de la mente automática a la del presente, deja este libro; probablemente has evolucionado y no hay razón para que sigas leyéndolo. Pero si descubres que harías cualquier cosa con tal de distraerte y no tener que enfrentarte al ruido de tu mente –como limpiar la casa obsesivamente, llamar a todos los que conoces e incluso a los que no conoces, enviar emails al mundo entero o te paralizas con demasiada frecuencia, pegada a la lista de cosas para hacer– sigue leyendo.

El desarrollo del Mindfulness

Todo comenzó con el doctor Jon Kabat-Zinn, que fundó la Stress Reduction Clinic (Clínica de Reducción del Estrés) en la Escuela de Medicina de la Universidad de Massachusetts. Desde entonces, él y su equipo han ayudado a más de 10.000 personas que sufrían diversas dolencias: enfermedades cardíacas, cáncer, SIDA, dolores crónicos, jaquecas, hipertensión, trastornos del sueño, ansiedad, pánico, problemas gastrointestinales y depresión. Kabat-Zinn no es un gurú envuelto en una sábana. Es un profesor emérito de Medicina y ha recibido su doctorado en Biología Molecular del MIT (Instituto Tecnológico de Massachusetts). Ha creado un método para utilizar con pacientes, cuyo dolor es demasiado crónico para remediarlo; esos a los que se les ha dado un diagnóstico del tipo: «Vas a tener que vivir con esto».

Él aportó un método denominado «reducción del estrés basado en el Mindfulness», enseñándoles a sus pacientes que, si se concentraban en sus sensaciones dolorosas en lugar de distraerse, se relacionaban de manera distinta con su dolor y advertían que no era algo estable, sino un paisaje continuamente cambiante. Al ser conscientes de lo transitorio que era, el dolor eventualmente perdía su agudeza. El médico descubrió que si tratas de ignorar el dolor probablemente estés tensando otras partes del cuerpo y, por lo tanto, generando estrés en alguna otra.

El dolor físico

En gran parte el dolor es reaccionar a él, esperar a que se vaya, odiándolo y maldiciéndote por sentirlo, pero si exploras las sensaciones desnudas yendo directamente a ellas, te darás cuenta de que pierden su solidez. El dolor es el «ay» puramente físico, y sufrirlo es el relato que te ofreces a ti mismo sobre ese «ay». Si se vuelve insoportable, trata de llevar tu atención hacia una zona en la que no sientas dolor y deja descansar tu mente ahí. Eso no es clavarte a una cruz. Es escoger en qué sitio centrar tu atención.

EJERCICIO PARA EL DOLOR FÍSICO

Tú puedes experimentar esto, incluso aunque no sufras de dolor crónico, estirando y flexionando una parte de tu cuerpo hasta el punto de la incomodidad, pero sin estirar más allá de tus límites. Si envías tu atención justo a la zona específica del dolor, sin pensar en él, pero tratando de experimentar las sensaciones específicas –ya sean ardor, agujetas, punzantes o palpitantes–, advertirás que el dolor no es estable, a veces es intenso, a veces leve e incluso por momentos todo al mismo tiempo. Sigue, prueba –flexiona y dobla alguna parte de tu cuerpo hasta el punto donde empieza a doler–, y comprueba si puedes enviar tu enfoque directamente hacia esa zona. Acuérdate de ser amable contigo.

Mi historia

Recientemente, cuando me hicieron un tratamiento odontológico de conducto, intenté tratar el dolor desviando mi atención hacia un área en la que no sintiera una agonía absoluta. Traté de depositar mi atención en las uñas de mis pies. Eso no funcionó, de modo que traté de imaginarme a mí misma en las Bahamas. Tampoco eso funcionó, así que intenté cantarme para calmarme. Y tampoco eso funcionó, pero comencé a ver lo graciosa que era la situación; ahí estaba yo, con la boca muy abierta, cantándome canciones de cuna con acompañamiento del torno. Seguía sintiendo el dolor, pero pasó a segundo plano.

TCBM

Mark Williams (mi profesor), John Teasdale y Zindel Segal trabajaron juntos para aplicar las teorías de Kabat- Zinn al dolor emocional y llamaron a eso terapia cognitiva basada en Mindfulness (TCBM). Comenzaron a trabajar con aquellos que sufrían de depresión y les enseñaron a los pacientes, igual que a los que tenían dolor físico, que no tratasen de suprimirlo, sino de ver si podían localizar exactamente dónde se hallaba la sensación o la emoción en el cuerpo. Cuando te concentras, muy cuidadosamente, en el sitio exacto donde sientes la ira, el miedo, el estrés o la angustia, notarás que esas sensaciones pierden intensidad; siempre están yendo y viniendo, por momentos son más profundas, y por momentos más leves. Están cambiando constantemente y el cambio es la única cosa en la vida de la cual puedes depender.

EJERCICIO: EMOCIONES

Céntrate en un sentimiento predominante y *nota* en qué lugar del cuerpo surge una emoción, y explora (lo mismo que con el dolor) el núcleo de esa emoción, sus bordes, es palpitante, punzante, agudo. *Nota* lo impaciente que está tu mente por crear un relato sobre una emoción. (Puede que el relato no tenga siquiera nada que ver con el sentimiento. La mente siempre requiere una explicación). Quédate simplemente apegada al sentimiento y esquiva el comentario subsiguiente.

Mi historia

Esto me ha ocurrido precisamente hoy. Me pidieron que interviniera en un evento de caridad televisado (sin nombres). (Tras la máscara sonriente del negocio del espectáculo late un corazón de oro). Todo aquel que es alguien en el mundo del espectáculo quiere ese trabajo. Bien, este año no me llamaron para que fuese al país de montar a caballo, no me pidieron que fuera a ninguna parte. Me pidieron que fuera a la radio y consiguiera recaudar dinero, haciéndole una broma a David Cameron. De manera que ya estoy en la radio y me entregan unas notas, sobre cómo la broma hará recaudar fondos, y veo que no soy yo la presentadora del evento, sino otra persona. Yo estoy allí simplemente para promocionar el evento.

Mi estómago ha caído unos 9.000 metros, pese a que no me he marchado, cuando mi ego ha sido condenado a la hoguera. Al ser una profesional, he continuado sin mostrar ni un destello de amargura. El entrevistador me ha preguntado realmente qué tenía yo que ver con el evento; le he sonreído graciosamente y le he dicho: «Nada». Muy bien, he aquí la cuestión, estoy ahí para hablar sobre la caridad para prevenir la inanición y combatir las enfermedades y estoy atrapada en una narcisista y egoísta masacre. Créeme, soy la primera en ser conciente de lo despreciables que eran mis pensamientos, las ideas de vergüenza y autoodio bombardean mi cerebro.

En momentos como ése es cuando realmente no quieres sentir todo el peso de ser bombardeado por tus propios pensamientos, pero ahí está la zorra; no importa lo mucho que quieras intentar huir de esos pensamientos recriminatorios, ellos siguen burbujeando bajo la superficie. No importa cuántos decatlones corriste, cuantos zapatos compraste o lo famosa que conseguiste ser, esos irresueltos, insoportables sentimientos siguen ahí subyacentes. Freud tenía toda la razón cuando dijo que tienes que exponer a la luz tu oscuridad si quieres librarte de esas profundas emociones inconscientes. Igual que tienes que sudar para que un virus salga a la superficie y se vaya, tus pensamientos y sentimientos malignos tienen que emerger.

EJERCICIO: RAIN

Puedes usar el acrónimo RAIN cuando estás tratando con tus emociones. Procede de Reconocimiento, Aceptación, Investigación y No-identificación.

Reconocimiento

¿Siempre te sientes abrumada? ¿No puedes pensar con claridad, tu cabeza está llena de una niebla roja? En primer lugar, simplemente reconoce cualquier cosa que puedas arrebatarle al tumulto, como el miedo, la rabia o la tristeza. Incluso identificar una emoción supone que la estás regulando; estás utilizando tu corteza prefrontal para calmar al inflamado sistema límbico.

Aceptación

Todas las emociones están bien, es la manera en que piensas en ellas lo que hace daño. Sea cual sea el sentimiento, es sólo un sentimiento, no tienes que actuar sobre él. Deja que pase, porque de todas maneras habrá cambiado al segundo siguiente. Descarga la vergüenza y la culpa, ya nunca te llevarán a ninguna parte, salvo de vuelta a tu cabeza.

Investigación

Envía el foco de atención a donde sea que en tu cuerpo esté alojado el dolor emocional. Tan pronto como sintonizas con la sensación física, se acaba la historia. Ve hacia el interior: ¿Tu pecho está rígido? ¿Tu estómago revuelto? ¿Tu mandíbula está apretada como la del *Alien*? Si no registras nada, también eso está bien.

No-identificación

Esto significa apartarte de las emociones y darles espacio, para que consigas sentir esa vibración de «también esto pasará». Al distanciarte, estarás desarrollando la autorregulación, tomando la temperatura, paradójicamente volviendo a las sensaciones desnudas en lugar de a los «¿porqués?» y los «por lo tanto». No podrás quitarte automáticamente de encima tu tristeza y te pondrás a brincar por los campos, pero te darás el espacio suficiente para evitar la quema y reflexionar sobre todo el embrollo. Cuanto más practicas, más rápido consigues identificar y explorar tus emociones.

EJERCICIO: CINCO SEGUNDOS
(DETENTE Y PRESTA ATENCIÓN)

Sugerencias:

Pon tu teléfono en «tilín» cada pocas horas y cuando suene, *detente y presta atención* a lo que está pasando en tu mente y en tu cuerpo y luego sigue: sencillo.

Cuando cierres tu ordenador, *detente y presta atención* a lo que está pasando en tu mente y en tu cuerpo y luego sigue.

Al empezar y terminar de comer, *detente y presta atención* a lo que está pasando en tu mente y en tu cuerpo y luego sigue.

Aquí hay una serie de actividades cotidianas que puedes utilizar para el ejercicio de los cinco segundos.

Opciones

Cepillarte los dientes	*Darte una ducha*
Lavar los platos	*Sacar la basura*
Hacer la colada	*Abrir tu ordenador*
Pelar zanahorias	*Ver a tus niños*
(mi idea del infierno)	

¿Captas la idea?

SUGERENCIA VENTAJOSA: Utiliza la pausa de cinco segundos cuando *notes* que estás entrando en el modo de «hacer»; por ejemplo, cuando tienes el primer indicio de que estás empezando a ir de una a otra y a otra actividad sin pensarlo; hazlo antes de que estés con el síndrome de la «lista interminable».

EJERCICIO: STOP[53]

Adviertes que tu mente está vagando, inmersa en la rumiación o no está donde tú quieres que esté. ¡No, no, no te castigues! Simplemente PARA.

S: PARA cualquier cosa que estés haciendo, para percibir lo que está pasando en tu mente y en tu cuerpo. Sea lo que sea que esté ocurriendo allí, no hagas nada acerca de ello. Simplemente PARA.

T: Representa PIENSA. Si estás leyendo este libro, PIENSA, ¿estás leyéndolo realmente? (no me volveré loca si no lo haces, esto es sólo un ejercicio). Si descubres que realmente no estás leyendo, ¿en qué estás pensando?

EJEMPLOS: «Necesito un té, un café, crema batida, sexo, el teléfono, enviar un email, tendría que… (completa la frase), me olvidé de… (completa la frase), no hice… (completa la frase)».

¿Estás en el pasado, en el futuro, planificando, preocupándote, soñando despierta, teniendo pensamientos eróticos? (Eso resultaría extraño).

Si no sabes dónde está tu mente, está bien. Simplemente registra el vacío.

El hecho de que te des cuenta de que tu mente no está leyendo es un gran logro. Debes inflar los globos, hacer estallar los petardos y felicitarte a ti misma.

---

53. En inglés la palabra *stop*, además de lo que significa en sí misma («para», «detente»), funciona aquí como un acrónimo de las palabras inglesas *Stop* («para»), *Think* («piensa»), *Options* («opciones») y *Proceed* («Continúa» o «avanza»): STOP. En castellano no coinciden las iniciales de las palabras para formar el mismo acrónimo. *(N. de la T.)*.

Si has estado leyendo todo este tiempo y has sido consciente, no solamente de las palabras, sino también de los sonidos que hay a tu alrededor, de la sensación de tu respiración y de la percepción de tu cuerpo al rozar el asiento, cualquiera que sea, sobre en el que estás sentada, eres un ser iluminado. No sigas leyendo, deja a un lado este libro y llama al Dalai Lama. Eres la siguiente de la fila.

O: Representa las OPCIONES. Si descubres que tu mente está en alguna otra parte, deja el libro, cierra los ojos y escoge uno de tus sentidos. Céntrate en:

Los sonidos a tu alrededor
Los perfumes a tu alrededor
La percepción de tu cuerpo en la silla / la cama / el sofá, lo que sea sobre lo que estás situada
La sensación de tu respiración entrando y saliendo por tu nariz / tu garganta / tu pecho / tu abdomen o todo el recorrido hacia dentro y todo el recorrido hacia fuera

P.D.: Es por CONTINÚA. Vuelve a leer mi libro y no permitas que vuelva a descubrir tu falta de concentración.

Para mí este poema de Portia Nelson[54] resume los beneficios de practicar Mindfulness.

---

54. Popular cantante, actriz, escritora y autora de canciones de nacionalidad estadounidense. *(N. de la T.)*.

Autobiografía en cinco capítulos cortos

Capítulo 1
Camino por la calle.
Hay un agujero profundo en la acera.
Caigo en él.
Estoy perdida... Estoy desesperada.
No es por mi culpa.
Se tarda una eternidad en encontrar una salida.

Capítulo 2
Camino por la misma calle.
Hay un agujero profundo en la acera.
Finjo que no lo veo.
De nuevo caigo en él.
No puedo creer que estoy en este mismo sitio.
Pero no es por mi culpa.
Se necesita mucho tiempo para salir.

Capítulo 3
Camino por la misma calle.
Hay un agujero profundo en la acera.
Veo que está ahí.
Vuelvo a caer en él... es un hábito.
Mis ojos están abiertos.
Sé dónde estoy.
Es por mi culpa.
Salgo inmediatamente.

Capítulo 4
Camino por la misma calle.
Hay un agujero profundo en la acera.
Camino a su alrededor.

Capítulo 5
Camino por otra calle.

El anclaje

Puede que te parezca que «hacer una pausa» es suficiente para saborear esos pocos segundos, cuando te libras de tus ocupaciones y eres capaz de «oler las rosas» o bañarte en la sensación de estar presente, antes de retomar a lo que necesitas hacer.

La práctica de TCBM te da las herramientas para que te conviertas en tu propio locólogo (un gran ahorro de dinero). Aprendes a observar tus propios pensamientos. Pero ¿cómo lo haces evitando caer en las rumiaciones? Porque es así como funcionan nuestras mentes, siempre tratando de deducir por qué tenemos un problema. Con el Mindfulness aprendes una técnica para enfocarte en un ancla, con la que puedes retornar cuando la mente se agita demasiado o trata de sumirte en una historia interminable. El ancla no es una varita mágica que debes encontrar en el país de las hadas, es algo con lo que todos venimos equipados: nuestros sentidos.

La idea es que te concentres en uno de tus sentidos; oído, vista, gusto, olfato, tacto o en la respiración, y cuando tu mente se pone a divagar, tú *notes* adónde se ha ido y entonces, sin ninguna crítica, tomes o conduzcas de nuevo tu foco hacia uno de los sentidos. Cuando le prestas total atención a alguno de ellos, tu piloto automático se apaga, tu mente deja de rebotar del pasado al futuro, porque no tienes que pensar sobre una sensación, simplemente has de experimentarla. Si prestas una minuciosa atención a lo que estás experimentando en lo inmediato, estás exactamente en el presente; el modo de mente vagando se apaga. El cerebro de alguien que está totalmente concentrado en un punto (incluso el de alguien que haya practicado Mindfulness durante pocos días) hace que descienda la actividad de la amígdala (el botón del miedo está apagado), como también tiene un latido cardíaco estable y la tensión sanguínea en niveles normales. Está en un estado de bienestar.

El ancla ofrece un sitio al que regresar, cuando notas que comienzas con la rumiación. De modo que si quieres investigar cómo funciona tu mente al practicar Mindfulness, puedes escoger ADVERTIR adónde va tu mente y luego regresar a un puerto seguro, centrándote en un sentido o en la respiración. Y al advertirlo sin reprenderte y teniendo una base segura, verás tus pensamientos y tus sentimientos como un fenómeno mental que no resulta amenazante. Estarás fortaleciendo tu capacidad para sintonizar tu mente cuando la necesites para crear, tomar decisiones, resolver problemas, comparar, etc., y dejar de sintonizarla cuando tus pensamientos se vuelven dañinos o demasiado críticos. Lo que pienses es tu elección: no eres víctima de lo que piensas.

¿Qué ancla escoger?

Depende de ti en qué quieres concentrarte, pero cuando hayas hecho tu elección, la idea es tratar de volver a ella durante una determinada cantidad específica de tiempo; de lo contrario, conseguirás una mente que va saltando de un pensamiento a otro. Algunas personas eligen concentrarse en su respiración porque siempre está ahí y sus formas cambian, de modo que nunca te aburres cuando sigues la inhalación y la exhalación.

Cuando estoy en el escenario y comienzo a perderla, a eso le sigue una cadena de reacciones: mi cuerpo se agarrota, el corazón comienza a acelerarse, crece el pánico y vuelvo a la vieja melodía: «Voy a fracasar. Todos me odian». El público siempre puede percibir tu miedo y, por determinadas cuestiones relativas a la evolución se vuelve hostil, la gente se pone a aullar como fieras sedientas de sangre. Debe de ser algún instinto primitivo que cuando alguien falla ante un grupo numeroso de personas, ellas van a por el asesinato en manada.

Con la práctica de Mindfulness, he aprendido a salvar mi piel; tan pronto como reconozco que voy a entrar en un estado de gran ansiedad, ya sea por una señal física (boca seca, corazón palpitante) o por una señal emocional (una punzada en el estómago), dirijo mi atención hacia los pies, y a su contacto con el suelo. Apenas compruebo que mi foco se va de mis pensamientos hacia una sensación, la niebla roja de mi cerebro se disipa y puedo volver a pensar. Y cuando estoy serena y tengo el control, el público se calma. No tiene por qué ser la atención puesta en tus pies, puede utilizarse cualquiera de los sentidos.

Opciones de anclaje

Todas esas anclas cambian el foco desde la mente ocupada hacia la experiencia de una sensación que siempre es inmediata. (No puedes oír, saborear, tocar u oler algo en el pasado o en el futuro, sino ahora mismo).

Estar concentrada sin forzarlo fortalece la parte del cerebro que te permite cambiar el enfoque, cuando quieres cambiar de la mente «hacer» a la mente «ser».

Aprendes a experimentar sin enjuiciar, tratando a los pensamientos y sentimientos como eventos mentales, sin identificarte con ellos.

Aprendes a estar consciente de lo que hay ahí, sin tratar de cambiar o arreglar las cosas.

Al concentrarte en la vista, el sonido, el gusto y el tacto estás aprendiendo que cada cosa adquiere forma y luego desaparece.

Estás aprendiendo a mover el foco de manera más experta de una zona a la otra y también desde un enfoque más estrecho; del tacto de tu pie en el suelo a un enfoque amplio; la percepción de todo el cuerpo, desde la cabeza hasta el dedo del pie.

La mente de todos intenta constantemente captar la atención: si necesitas hacerlo 100 veces al día, hazlo 100 veces, igual que lo hiciste la primera vez. Y en eso consiste domar / domesticar tu mente.

EJERCICIO: CONCÉNTRATE EN TUS PIES

Sitúate de pie o siéntate en una silla con los pies en el suelo, con la columna vertebral recta pero no rígida; tus ojos pueden estar abiertos o cerrados (yo cierro los míos, si tú quieres mantener los ojos abiertos, simplemente mira hacia abajo). Ahora envía tu atención a la sensación de tus pies sobre el suelo. *Percibe* las sensaciones precisas, el peso, la temperatura, el hormigueo o nada especial. *Percibe* cuándo tu mente asume el mando con sus comentarios y, tan pronto como lo haga, fíjate adónde te conduce (sin enjuiciarlo) y vuelve a poner el foco en tus pies. ¿Suena sencillo? Inténtalo. ¿Cuánto tiempo tarda tu mente en volver a atraparte?

EJERCICIO: GUSTO

Pon un trozo de chocolate en tu boca. (Ahora se puede saber el verdadero porcentaje de cacao que contiene el chocolate. ¿Y antes qué comíamos, papel?). Si lo tuyo no es el chocolate, puedes escoger cualquier otra cosa, siempre y cuando sea algo que pongas en tu boca y pueda comerse. (Usa la discreción, por favor: nada de cosas raras).

Pon el chocolate en tu boca suavemente. *Percibe* cuándo tu mente ha captado la atención y adónde te lleva y, entonces, vuelve a centrarte suavemente en el chocolate. Siente el peso y la textura. ¿Es dulce? ¿Es salado? *Percibe* la sensación al morder, masticar y tragar.

Piensa en tu boca como en un laboratorio y en tu lengua como en tu banco de trabajo para explorar el gusto. En el pasado, ¿cuántas veces has puesto un chocolate en tu boca pero tu mente estaba en alguna otra parte? Puede que hayas sucumbido al primer mordisco, pero después de unos cuantos mordiscos más, tu mente alza el vuelo hacia otro pueblo. Incluso puede que hayas saboreado el primero y el último trocito, pero que estuvieras durmiendo mientras masticabas los del medio. Has pagado por todo el chocolate, pero te has perdido la mayor parte del acto, por no mencionar que con el enorme contenido calórico que has ingerido has engordado tus muslos sin ningún beneficio epicúreo.

EJERCICIO: CONCÉNTRATE EN TU ASIENTO

Siempre que estés sentada y dondequiera que estés sentada, *percibe* la sensación en la parte posterior de tus muslos, la pelvis y cualquier parte que esté en contacto con la silla. *Percibe* cuándo tu mente te aparta, y vuelve a centrarte en tu postura en el asiento.

EJERCICIO: ESCUCHAR UN SONIDO

Presta atención a todos los sonidos que hay a tu alrededor y sintoniza con el que es tu favorito. Capta los sonidos que hay enfrente, detrás, arriba, abajo y los silencios entre sonidos. Tan pronto como *percibas* que tu mente está vagando, vuelve tu atención hacia el sonido.

EJERCICIO: RESPIRAR

Mucha gente usa la respiración como punto de concentración, porque te ofrece una percepción directa de tu estado emocional; percibir la velocidad y la calidad (superficial o intensa) de tu respiración es una manera de detectar tu propio modelo de clima interior. Es un gran ancla, porque cuando te das cuenta que tu mente ha estado vagando, tu respiración está siempre allí, no tienes que ir a perseguirla; la respiración siempre respira.

De modo que para seguir tu respiración, es mejor centrarse en un área, ya sea la nariz, la garganta, pecho o abdomen, así tu mente se mantiene enfocada. *PERCIBE* cómo cambia tu respiración con cada inhalación y exhalación: si es ligera, pesada, corta o larga, simplemente tratando de percibir que siempre está cambiando y disolviéndose.

EJERCICIO: OLER

Huele un limón / café / pan / la cabeza de un bebé… el sitio donde pongas la nariz depende de ti. *Percibe* cada matiz del aroma y, cuando tu mente te aparte, *percibe* adónde se ha ido y vuelve al aroma.

EJERCICIO: TACTO

No tienes que estar en ningún sitio especial para experimentar el Mindfulness, se trata de estar despierta a la sensación. Simplemente puedes mimar a tu gato / perro / marido... tú escoges. *Percibe* la sensación del pelaje / pelo y si tu mente toma el control, *percibe* dónde estaba y vuelve a la sensación de mimar a tu mascota / marido. (Puede que sean lo mismo).

EJERCICIO: PENSAR

El problema de pensar es cuando confundimos lo que pensamos de las cosas con las cosas mismas. Podemos pensar en una rana imaginaria y saber que no es lo mismo que una rana real. Pero, cuando en nuestras mentes aparece algo que no existe físicamente, como es la autoestima, resulta difícil hacer la distinción. Los pensamientos sobre nuestra autoestima no son otra cosa que la rana imaginaria. Si cambiamos al modo «ser», podremos verlo mucho más claramente. Podemos retroceder y ser testigos de nuestros pensamientos y sentimientos, como experiencias que vienen y van en nuestra mente al igual que los sonidos, los sabores y las imágenes. De modo que cuando surge el pensamiento «me siento una fracasada», no tenemos que tomarlo como una realidad y caer en la inevitable rumiación. (Sólo es una rana imaginaria).

EJERCICIO: EXPERIMENTAR EL PENSAMIENTO MISMO

Igual que con los sonidos, *percibe* tus pensamientos como eventos de la mente, como simple ruido, sin tratar encontrarles un significado. Algunas personas imaginan que sus pensamientos son como las nubes en el cielo; algunas son pesadas, otras ligeras y algunas amenazantes, pero todas ellas van desplazándose y cambiando. Tú puedes elegir saltar sobre uno de ellos, pero sería como saltar sobre una nube; no son estructuras sólidas, de modo que te caerás.

Otra metáfora es imaginar tus pensamientos en la pantalla de un cine y que los estás viendo desde el sitio del público. *Percibe* cuándo te descubres a ti mismo dentro de la película, entre los actores envueltos en la trama. Tan pronto como te hayas dado cuenta sin enjuiciar, vuelve a tu asiento y mira otra vez la película. La idea es ver cómo quedaste atrapada, retroceder y volver a participar. Esto se llama *percepción desapegada*.

EJERCICIO: MOVIMIENTO

Una manera muy portátil de introducir conciencia en tu vida cotidiana es caminar atentamente. (En verdad, no puede ser más portátil que eso). No es que tengas que tratar de llegar a determinado sitio, simplemente estás percibiendo cada uno de los pasos que das. *Percibe* exactamente cómo experimentas tu paso, lo automáticamente que se levanta un pie, mientras el otro toca el suelo. *Percibe* los músculos funcionando dentro de tus piernas y lo que ocurre con tu equilibrio. *Percibe* tu peso sobre el suelo. *Percibe* cómo eso comienza rápidamente a hacer efecto en tu mente, porque es muy raro que andemos simplemente; por lo común desplazamos nuestras mentes pensantes y sucede que nuestras piernas se mueven. Tan pronto como descubras que tu mente se ha perdido en sus pensamientos o está emitiendo juicios sobre cómo te desplazas, vuelve a poner tu atención en el movimiento.

Tu cuerpo siempre está contigo; es tu ancla más accesible. Intenta permanecer *en* tu cuerpo cuando te muevas, llegues, te agarres, te rasques, corras... Lo único que tienes que hacer es seguir llevando la atención una y otra vez hacia tu cuerpo que te devuelve directamente al momento presente.

EJERCICIO: AMPLIANDO EL FOCO

Puedes mantener el foco en un sentido específico de tu cuerpo, o puedes elegir abrir el lente de tu conciencia a todos los sentidos al mismo tiempo, de la cabeza a los pies.

SER CONSCIENTE DEL ESTRÉS

Nuestras reacciones al estrés son automáticas y estamos cargados del mismo hasta el tope, desde algo tan simple como conseguir un fontanero hasta la preocupación por una capa de hielo que se está deshelando en algún sitio. Ahora, la mayor parte de nuestras vidas, gracias a nuestra siempre acelerada cultura, es vivida en un estado de sobrexcitación, casi todo lo externo nos parece temible. Estamos segregando constantemente adrenalina y cortisol, en tensión muscular, hipertensión y falta de oxígeno en el cerebro; todo lo cual puede enfermarnos, mucho, mucho.

EJERCICIO: ESTRÉS

Percibe cuándo sientes el comienzo del estrés, explora atentamente en qué sitio de tu cuerpo está; el tamaño, los bordes, las sensaciones. *Percibe* cómo cambia tu respiración y tu postura. *Percibe* si tu mente empieza a entrar en acción con sugerencias tales como café, cigarrillos o tranquilizantes. No tienes que suprimir los pensamientos o los sentimientos de miedo, enfado o dolor, sino reconocer que ellos son la caspa de una mente excéntrica.

Cada vez que incorpores conciencia sin tratar de cambiar nada, empezarás a ver estas cosas que han «pulsado tus botones» en el pasado, como temas familiares y comenzarás a tratarlos como a viejos amigos que en realidad no te gustan, pero que has aprendido a soportar. Tengo una amiga que nunca se calla, con una voz como un zumbido. He aprendido a quererla incluso pese a que sólo la soporto durante diez minutos cada vez.

Solamente con el ejercicio regular de incorporar conciencia a los pensamientos y sentimientos negativos serás capaz de romper esos hábitos físicos y mentales. Si aprendes a tomar tu cuerpo como base de ti misma, a tu respiración o a alguno de tus sentidos, podrás amortiguar la ansiedad, el miedo o la depresión cuando desciende por las tuberías, de modo que te puedas reequilibrar más pronto. Tienes montones de oportunidades para practicar sobre tu estrés y vas a fallar muchas veces, pero precisamente alterando tu atención, estarás creando nuevos modelos de comportamiento. Cada vez que nos enfrentamos a nuestros sentimientos en lugar de huir, estamos fortaleciendo músculos, igual que cualquier deportista cuando practica su especialidad.

La aceptación no es resignación. No es que te eches a descansar debajo de tu sombrero,[55] diciendo mañana. Te proporciona un medio para responder apropiadamente, en lugar de reaccionar con el acto reflejo habitual.

Lo grandioso de todos estos ejercicios es que son portátiles, de manera que puedes usarlos en cualquier parte, en cualquier momento, en cualquier posición. También son baratos, de hecho, son gratis.

POR ÚLTIMO, PERO NO POR ELLO MENOS IMPORTANTE: LA AMABILIDAD

Cuando vuelves tu atención hacia adentro y escuchas a tu propio dictador personal, existe la posibilidad de que te castigues a ti misma. Saber que el enemigo no está afuera sino adentro es suficiente para autoflagelarte durante años. Cuanto más dura eres contigo misma, más sube el volumen de las voces críticas. Juzgar y evaluar son las primas hermanas de la rumiación y del modo «hacer». Cuando hacemos cualquier tipo de juicio, estamos comparando cómo queremos que sean las cosas con lo que son, y tratando de llenar ese hueco. El hábito de juzgarnos a nosotros mismos es lo que hace que nos desplomemos en el suelo.

Estarás siendo amable contigo al desplazar intencionadamente la atención de la mente al cuerpo. Tu cuerpo puede resistir las emociones; tu mente no, porque está preprogramada para proponer una solución

---

55. En castellano en el original. *(N. de la T.)*.

cuando estás siendo devastada por los «golpes y las flechas de la injusta fortuna».[56] Eso dijo Hamlet, un hombre al que le hubiera sido útil una clase de Mindfulness. Se volvió loco por reflexionar demasiado.

Si una amiga ha sido maltratada, no le gritas para que deje de sufrir. De manera que cuando estés poseída por los demonios de tu propia fábrica, debes tratarte como si fueras esa amiga. Lo que principalmente calma tu mente es la compasión por ti misma. Sé que esta idea provoca que mucha gente esboce una mueca (esto no tiene el tufillo del aceite de pachulí), pensando que han estado siendo autoindulgentes; pero ser amable contigo cuando te das cuenta de que tu mente está vagando, calma los modelos viciados de pensamiento, lo que en su debido momento, afecta a la conexión de las neuronas.

Otro poema que resume mi experiencia con el Mindfulness es éste de Rumi:[57]

La casa de huéspedes

El ser humano es como una casa de huéspedes.
Cada día, una nueva llegada
una alegría, una tristeza, una mezquindad,
alguna conciencia momentánea,
llega como un visitante inesperado.

¡Dales la bienvenida y acógelos a todos!
Aunque sean una multitud de pesares
que arrasan violentamente tu casa
y la vacían de sus muebles.

Trata a cada huésped de manera honorable
pues acaso te esté purificando
para algún nuevo deleite.

---

56. Hamlet de Shakespeare. Monólogo del Acto 3.º, Escena I. *(N. de la T.)*.
57. Célebre poeta persa del siglo XIII. Místico sufí. *(N. de la T.)*.

Al pensamiento sombrío, la vergüenza, la malicia,
recíbelos con una sonrisa
e invítalos a entrar.

Sé agradecido con cualquiera que llegue,
pues todos han sido enviados
como guías desde el más allá.

Amabilidad hacia los demás

No sólo que la compasión es buena para tu salud, sino que el efecto de las hormonas que producimos en nuestro interior se trasmite de persona a persona. Podemos trasmitir nuestras neurosis, pero también nuestros sentimientos de calidez y amabilidad. Súbitamente recibes una ráfaga de oxitocina que hace que te sientas a salvo y aliviada y, por lo tanto, la trasmites a los que están a tu alrededor. Somos animales sociales, no estamos hechos para el aislamiento; de manera que todos nuestros sentimientos se propagan hacia la persona que está junto a nosotros; funciona como una *wi-fi neuronal* (lo emocional se pasa la pelota). Cuando estás tranquila y a gusto tienes espacio disponible en tu cabeza para escuchar a otra persona; interésate por su vida para que sienta que te importa. Debo decirte que, cuando adquieres el hábito de trasmitir calidez, humor y compasión, es posible que experimentes justamente cómo se siente la felicidad. (Yo lo siento como si alguien estuviera haciéndome cosquillas en el corazón). Si trasmites esas tres cualidades y en la otra persona se ilumina de felicidad, eso vuelve directamente a ti.

HECHOS SOBRE EL MINDFULNESS

La verdadera razón por la que yo comencé a practicar Mindfulness seriamente fue por la evidencia empírica de lo que ocurre en el cerebro. No me bastaba sólo que el Mindfulness me ayudara a lidiar con la depresión, o que me trajera calma en medio de la tormenta; siempre escéptica, yo demandaba una prueba contundente. Al parecer no confiaba en mis propios sentimientos hasta que no obtuve pruebas científicas. Hay muchos datos que demuestran que esta práctica no sólo mitiga el dolor físico y emocional, sino que también agudiza tu concentración y tu enfoque y, por lo tanto, te da ventaja sobre otros que están tratando de salir a flote. (Si es lo que persigues).

He aquí precisamente algunas evidencias que inclinan al jurado a favor del Mindfulness (para mí):

Conexión con los sentimientos

Un número de estudios han hallado que el Mindfulness genera un flujo mayor de sangre hacia la ínsula, y un aumento del volumen y la densidad de materia gris. Ésta es un área crucial que provee de la capacidad de enfocarte en tu cuerpo, y te conecta con tus sentimientos, como las mariposas en tu estómago, o un golpe en el corazón. Fortalecer tu ínsula mejora la introspección, que es la clave del Mindfulness.

Autocontrol

Los investigadores han descubierto que el incremento del flujo sanguíneo en la corteza cingulada anterior, después de *sesiones de meditación de sólo 30 minutos*, fortalece las conexiones con este área, que es crucial para controlar impulsos, y puede ayudar a explicar por qué el Mindfulness es eficaz en la ayuda al autocontrol, por ejemplo, en las adicciones.

Contrarresta la ansiedad intensa

Los investigadores de Stanford hallaron que, después de un curso de ocho semanas de Mindfulness, los participantes tenían menos reactividad en sus amígdalas e informaron que sentían menos emociones negativas.

Tranquiliza la mente

El tronco cerebral produce neurotrasmisores que regulan la atención, el carácter y el sueño. Esos cambios pueden explicar por qué las personas que meditan tienen mejores resultados en las pruebas de atención, y son menos propensos a sufrir ansiedad y depresión; así como también, a menudo, mejoran sus pautas de sueño.

Regula las emociones

El hipocampo está involucrado en el estudio y la memoria, y puede ayudar en la reacción al estrés. El incremento en la densidad de las neuronas en esta área puede contribuir a explicar por qué las personas que meditan son más estables emocionalmente y menos ansiosas.

Regula los pensamientos

Probablemente, los cambios en el cerebelo contribuyen a que las personas que meditan aumenten su capacidad de respuesta positiva ante los eventos de la vida.

Frena las conductas adictivas

La corteza prefrontal está implicada en la autorregulación y la toma de decisiones. Se ha descubierto que el Mindfulness aumenta el flujo sanguíneo en esta área, lo que mejora la autoconciencia y el autocontrol, ayudándote a que hagas elecciones constructivas y dejes de lado las perjudiciales.

Frena el TOC

En un estudio, a 18 pacientes que sufrían TOC (trastorno obsesivo compulsivo) se les realizaron TEP (tomografía por emisión de positrones) antes de que practicaran Mindfulness durante 10 semanas; ninguno tomaba medicación y todos tenían síntomas de moderados a severos. Después del tratamiento, la misma prueba tomográfica mostró que la actividad en la corteza orbitofrontal había disminuido drásticamente, lo que significa que el circuito de la preocupación estaba desactivado. Dicho estudio fue el pionero en demostrar que la terapia cognitiva basada en Mindfulness tenía el poder de cambiar sistemáticamente la química del cerebro, y en un circuito cerebral bien definido. De manera que realizar intencionadamente un esfuerzo de Mindfulness puede alterar las funciones del cerebro y eso induce a la neuroplasticidad. Ésta fue la primera vez que se estableció que el Mindfulness es un tipo de experiencia que promueve la neuroplasticidad.

Un cerebro más veloz

Investigadores de la UCLA (Universidad de California, Los Ángeles) descubrieron que las personas que meditan tienen conexiones más fuertes entre las diferentes zonas del cerebro. Esa mayor conectividad no se limita a zonas específicas, sino que están en general en todo el cerebro. También aumenta la capacidad de trasmitir rápidamente la información desde un área a otra, dándote un cerebro más veloz y ágil.

Entrenar tu cerebro (al igual que tu cuerpo)

Una mente entrenada es físicamente distinta a una sin entrenar. Puedes mantener energía interior, incluso aunque el mundo a tu alrededor sea frenético y caótico. La gente está tratando de encontrar antídotos al sufrimiento, de modo que es el momento de empezar a hacer lo obvio: entrenar a nuestros cerebros, tal como hacemos con nuestros cuerpos. Cambiar tu manera de pensar cambia las sustancias químicas de tu cerebro. Por ejemplo, cuanto menos te ejercitas, menor es el nivel de la acetilcolina y, cuanto menos tienes de esta sustancia, más pobre es tu capacidad de prestar atención. Incluso en los casos de pérdidas de capacidad relacionadas con la edad, casi cualquier aspecto del cerebro puede recuperarse y pueden florecer nuevas neuronas.

Más investigaciones positivas sobre el Mindfulness

- Una investigación de la Universidad de Harvard señala que gastamos cerca del 50% de nuestro día con la mente divagando, típicamente perdida en pensamientos negativos sobre lo que pueda estar pasando, o lo que nos haya pasado ya. Hay una red divagante en el cerebro, que genera pensamientos centrados en torno a «mí» y se concentra en un área denominada la corteza prefrontal media. Las investigaciones han demostrado que cuando practicamos Mindfulness, la actividad en ese «mí» disminuye.

  Posteriormente también se ha demostrado que cuando las mentes de los practicantes experimentados empiezan a divagar, las áreas de supervisión (como la corteza prefrontal lateral) se activan, para vigilar adónde va la mente y, si es necesario, devolver su atención de vuelta al presente, lo que da como resultado menos preocupación y más vida.

- Investigadores de la Universidad de Montreal han estudiado las diferencias entre cómo las personas que meditan y las que no, sienten el dolor, y cómo se relaciona esto con la estructura cerebral. Descubrieron que cuanto más experimentadas son las personas que meditan, más densa es la corteza cingulada anterior y menor es su sensibilidad al dolor.

- Estudiosos de la Universidad de Emory hallaron que el declive en la habilidad cognitiva que es típico de la edad, tales como reacciones más lentas en el tiempo y en la velocidad de pensamiento, no las tienen los ancianos que meditan. Utilizando la imagen por resonancia magnética funcional (IRMf), también establecieron que la disminución de la materia gris, que es propia del envejecimiento, se había mantenido estable significativamente.

- Los investigadores de la UCLA descubrieron que cuando las personas adquieren conciencia de su ira y la clasifican como «ira», la parte del cerebro que genera emociones negativas, la amígdala, se calma. Es como si una vez que el mensaje emocional se ha entregado a la mente consciente, ésta pudiera tranquilizarse un poco.

- El Mindfulness activa la parte del «descanso y la digestión» de nuestro sistema nervioso e incrementa el flujo de sangre hacia las zonas de nuestro cerebro que ayudan a regular nuestras emociones, tales como el hipocampo, la corteza cingulada anterior y las zonas laterales de la corteza prefrontal. Nuestro ritmo cardíaco se ralentiza, también nuestra respiración y desciende el nivel de la tensión sanguínea. Un investigador de Harvard acuñó un término para los cambios que la meditación provoca en el cuerpo, y los llamó la «respuesta de la relajación»: básicamente lo opuesto a la «respuesta del estrés». Mientras que la respuesta del estrés supone un importante detrimento para el cuerpo, la de la relajación es extremadamente saludable y es probablemente la raíz de una amplia gama de beneficios que se ha descubierto que ofrece el Mindfulness, tanto mental como físicamente.

El Mindfulness y el cuerpo

- Investigadores de la Universidad de Wisconsin-Madison estudiaron los efectos del Mindfulness en relación con la respuesta del sistema inmunológico. Les inyectaron a los participantes un virus de gripe, al final de un curso de ocho semanas de duración, y descubrieron que el grupo de Mindfulness tenía un significativo sistema inmunológico más fuerte comparado con otras personas.

- Científicos de la UCLA descubrieron que el Mindfulness es extremadamente efectivo en la conservación del sistema inmunológico de los afectados por el HIV. Pasado un período de ocho semanas, el grupo al que no le enseñaron a practicar Mindfulness registraba un 25 % de caída en sus células CD4, o cúmulo de diferenciación 4 (los «cerebros» del sistema inmunológico), mientras que el grupo al que sí se le enseñó Mindfulness mantuvo sus niveles.

- Investigadores de la Universidad de California, Davis, descubrieron que la mejora en el bienestar psicológico fomentada por la meditación puede reducir el envejecimiento celular. Dichos investigadores hallaron que las personas que viven más de 100 años tienen más activa la telomerasa, una enzima involucrada en la multiplicación celular. Los científicos descubrieron que las personas que meditan tenían un 30 % de aumento de esa enzima ligada a la longevidad, siguiendo un retiro de tres meses.

- Los trastornos de la piel son un síntoma común del estrés. En la Universidad de Massachusetts se enseñó a practicar Mindfulness a pacientes con soriasis y descubrieron que sus problemas de piel se resolvieron cuatro veces más rápido que los de aquellos a los que no se les enseñó esa técnica.

- Investigadores de la Universidad de Carolina del Norte descubrieron que el Mindfulness es un método eficaz en el tratamiento del síndrome del intestino irritable. A lo largo de un período de ocho semanas, los participantes del estudio o bien fueron instruidos en Midfulness o acudieron a un grupo de apoyo. Tres meses después, hallaron que sobre un estándar de 500 puntos del cuestionario de síntomas del síndrome mencionado, quienes participaron en el grupo de apoyo tuvieron un descenso en la sintomatología de 30 puntos. Los del grupo de Mindfulness bajaron más de 100 puntos.

- Estudiosos de la Universidad de Emory investigaron si el entrenamiento en meditación compasiva puede reducir la respuesta fisiológica al estrés. Los participantes del estudio fueron estresados, requiriéndoles que dieran una charla públicamente. Los investigadores encontraron que los participantes que más habían practicado tenían las respuestas fisiológicas más débiles al estrés, lo que pudo medirse por la reducción de las citoquinas proinflamatorias y también se verificó con los informes sobre más bajos niveles de angustia psicológica.

- Algunos investigadores estudiaron los efectos fisiológicos provocados después de un programa de Mindfulness de ocho semanas de duración, en pacientes que sufrían cáncer de mama y cáncer de próstata. Además de que los pacientes informaron de que tenían menos estrés, se descubrieron reducciones significativas en los marcadores fisiológicos del estrés, tales como niveles reducidos de cortisol, también de citoquinas proinflamatorias, ritmo cardíaco y tensión sanguínea sistólica. Un estudio de seguimiento realizado un año después estableció que esas mejoras se mantuvieron o se acrecentaron posteriormente.

El Mindfulness y las emociones

- Investigadores de la Escuela de Medicina de la Universidad de Massachusetts estudiaron los efectos que tuvo un curso de ocho semanas de Mindfulness sobre el trastorno de ansiedad generalizada. El 90 % de quienes aprendieron la técnica informaron de reducciones significativas de la ansiedad.

- Estudios realizados en la Universidad de Wisconsin sugieren que la serenidad de quienes meditan no tiene como resultado que se vuelvan emocionalmente insensibles: de hecho, pueden ser capaces de experimentar más plenamente las emociones. Al requerírseles que entraran en un estado compasivo e interpretasen un sonido que evocara a una mujer gritando, mostraron un aumento en la actividad de las áreas emocionales del cerebro, en comparación con los no iniciados en la meditación. No obstante, cuando se les pidió que entraran en un estado de profunda concentración, mostraron una actividad reducida en las áreas emocionales del cerebro, también comparándolos con no iniciados. La clave es que eran más capaces de controlar sus reacciones emocionales, dependiendo del estado mental en el que escogieron estar.

- Se ha descubierto que las personas optimistas y resilientes tienen mayor actividad en la zona frontal de sus cerebros (la corteza prefrontal) sobre el lado izquierdo, mientras que los más proclives a la rumiación y a la ansiedad tienen más actividad en el derecho. Investigadores de la Universidad de Wisconsin descubrieron que después de practicar Mindfulness durante ocho semanas, los participantes en la experiencia fueron capaces de cambiar sus niveles básicos de actividad, incrementándose la del lado izquierdo. Eso sugiere que el Mindfulness puede ayudarnos a modificar nuestros niveles básicos de felicidad y optimismo.

- Si sufres una depresión recurrente, los científicos sugieren que el Mindfulness puede ser una vía para que te libres de ella. Investigadores de Toronto y de Exeter en el Reino Unido descubrieron recientemente que aprender Mindfulness, a la vez que se reducen los antidepresivos, es tan eficaz como mantener la medicación.

• Científicos de la Universidad de Stanford hallaron que el Mindfulness puede ayudar a calmar la ansiedad social, al reducir la actividad de la amígdala, un área del cerebro que es típicamente hiperactiva en aquellas personas que tienen problemas de ansiedad.

• Investigadores de la Universidad de Manchester testaron la respuesta que las personas que meditan tenían al dolor, calentando su piel con láser. Hallaron que cuanto más había meditado alguien, menos dolor experimentaba. También descubrieron que tenían menor actividad neuronal en la anticipación del dolor que controles, lo que se debe, por tanto, al aumento de su capacidad para mantenerse en el presente, en lugar de preocuparse por el futuro.

• Un estudio reciente de la Universidad de Wake Forest halló que solamente cuatro sesiones de 20 minutos de entrenamiento en Mindfulness por día reducen la sensibilidad al dolor en un 57 %: una reducción aún mayor que la que proporcionan drogas como la morfina.

• Numerosos estudios han hallado que sólo el Mindfulness o combinado con medicación puede ser eficaz en el tratamiento de las conductas adictivas, desde el abuso de drogas hasta el atracón compulsivo de comida. Recientemente investigadores de la escuela de Medicina de Yale hallaron que menos de 20 minutos al día de entrenamiento en Mindfulness es más eficaz para ayudar a los fumadores a abandonar el hábito que el tratamiento estándar de referencia de la Asociación Americana del Pulmón. Pasado un período promedio de cuatro semanas, hay un 90 % de reducción en el número de cigarrillos que se fuman, pasando de 18 a 2 al día, y un 35 % de fumadores lo dejan por completo. Cuando lo comprobaron, cuatro meses después, más del 30 % de las personas entrenadas habían mantenido la abstinencia.

- Los estudiosos comprobaron el impacto que tenía el Mindfulness en la salud psicológica de 90 enfermos de cáncer. Después de siete semanas de práctica diaria, los pacientes informaron de un 65 % de reducción en sus trastornos anímicos, incluyendo la depresión, ansiedad, ira y confusión. También reportaron de un 31 % de reducción en los síntomas de estrés, y menor estrés asociado al dolor cardíaco y estomacal.

- Investigadores de la Universidad de California, en San Diego, estudiaron el impacto de un programa de Mindfulness de cuatro semanas sobre el bienestar psicológico de los estudiantes, en comparación con una técnica de relajación corporal. Hallaron que ambas técnicas reducen la angustia; no obstante, el Mindfulness fue más eficaz para desarrollar estados mentales positivos y reducir los pensamientos dispersos y las rumiaciones. Esta investigación sugiere que entrenar la mente con Mindfulness ofrece beneficios superiores a los de la simple relajación.

Mindfulness y pensamientos / conocimiento

- Investigadores de la Universidad de Wake Forest estudiaron cómo afectaban cuatro sesiones de 20 minutos de práctica de Mindfulness a las capacidades cognitivas de importancia vital. Hallaron que los practicantes de Mindfulness eran significativamente mejores, que el grupo de control (no practicantes) en mantener su atención, y que actuaban especialmente bien en tareas estresantes estando bajo la presión de un tiempo limitado. (Éste es otro estudio que demuestra que se puede disfrutar de beneficios significativos con una práctica relativamente escasa).

- Científicos de la Universidad de Pennsylvania quisieron investigar cómo puede ayudar el Mindfulness a mejorar el pensamiento en situaciones de estrés. De manera que enseñaron su práctica a marines antes de que se desplegasen en Irak. En las pruebas cognitivas, hallaron que los marines que practicaron durante más de 10 minutos al día consiguieron mantener sus capacidades mentales, pese al estresante período de despliegue militar, mientras que el grupo de control y los que practicaron menos de 10 minutos al día no pudieron hacerlo.

- Investigadores de la UCLA (Universidad de California, Los Ángeles) realizaron un estudio piloto para investigar la eficacia de un curso de Mindfulness de ocho semanas de duración para adultos y adolescentes con trastorno por déficit de atención e hiperactividad. Más del 75 % de los participantes reportaron una reducción de sus síntomas generales, y aproximadamente un tercio informó de una significativa reducción clínica en sus síntomas en más de un 30 %.

- Algunos investigadores dirigieron un estudio piloto para analizar la eficacia del Mindfulness en el tratamiento del trastorno obsesivo compulsivo. El 60 % de los participantes experimentaron significativas reducciones clínicas en sus síntomas, por encima de un 30 %. Los estudiosos sugirieron que el incremento en la capacidad para «dejar pasar» pensamientos y sentimientos, ayuda a detener el proceso negativo de rumiación que predomina en quienes padecen este trastorno.

Tengo la esperanza de que lo que antecede no te haya hecho dormir; a mí me hace sentir que estoy en manos bien preparadas. Si el Mindfulness es suficientemente bueno para Harvard, la UCLA, la Universidad de Pennsylvania, la escuela de Medicina de Yale y Stanford, es también bastante bueno para mí.

RESUMEN

He estado estudiando y practicando Mindfulness desde hace tiempo. Me ha ayudado a disminuir el volumen de las voces, a aplacar el asalto de la autorrecriminación y a controlar mi rabia contra los demás. Hace diez o veinte años imaginaba que estaría demasiado deprimida, por decirlo mínimamente, cuando llegara a esta edad, pero soy más feliz o, por lo menos, estoy más contenta de lo que he estado nunca. He aquí lo mucho que ha cambiado mi vida:

Milagro 1

No he trasmitido mis antecedentes peligrosos de automaltrato a mis hijos. Me casé con mi marido por sus genes; es de esa clase de ingleses cuyos parientes no sólo han sobrevivido al *Blitzkrieg*, sino que tuvieron una «época estupendamente divertida» durante el mismo y aún hablan de la experiencia con cariño. A diferencia de lo que me pasa a mí, a mis hijos no los consume la envidia. Mis dos hijas tienen amigas que ya tienen éxito o que han conseguido un trabajo prestigioso y, ¿adivinad cuál es su reacción? Se alegran por ellas. Hacen collages con fotos de los momentos felices que pasaron juntas; se sienten extraordinariamente contentas por sus amigas. Un milagro. Si alguien alguna vez se me cruzaba en el camino cuando yo era una niña (que prácticamente eran todos), yo me dedicaba a planificar cómo abrirlos en canal y extraerles el corazón.

Milagro 2

No soy, como predijo mi padre, una adicta a la heroína a los 50 años. Él no quería escucharme cuando yo le decía que la gente que se inyecta heroína habitualmente comienza a hacerlo antes, porque él lo sabía mejor que yo. A los 50 años, yo habría sido una «vagabunda» que se chutaba heroína. De manera que el milagro es que, contrariamente a sus clarividentes predicciones, no estoy aullando al viento como un hombre lobo, igual que mi madre y, pese a sufrir depresión, he construido a mi alrededor una muralla verbal como la de un castillo. Mi mantra es: «Tengo una enfermedad. No soy estúpida, loca, no tengo dañado el cerebro, ni soy lenta, una fracasada, una imbécil. Simplemente padezco una enfermedad».

Milagro 4 (Olvidé el 3 porque tengo dislexia)

Ingresé en la Real Compañía de Teatro de Shakespeare. Eso no tiene explicación. No era muy talentosa, pero tenía el instinto de un rottweiler.

Milagro 5

Fui a Oxford y obtuve mi título de Master. (*Véase* la explicación de arriba).

Milagro 6

Antes de que el último óvulo abandonara el edificio y, contra todo pronóstico, no tuve uno, sino tres hijos «normalitos».

Milagro 7

Mis hijas son las reinas del baile de graduación que yo siempre quise ser; todo el mundo les devuelve las llamadas, las invitan a todas las fiestas, están rodeadas de amigos que las quieren, no están carcomidas por la ambición y no saben lo que es sentirse dejadas de lado.

Milagro 8

Di mi charla TED. Me ensucié las bragas, pero lo hice.

Milagro 9

Escribí un libro y en este momento espero haberlo acabado, o tú estás mirando páginas en blanco.

Milagro 10

Tuve una muy buena carrera en el espectáculo hasta que ocurrió el colapso.

De modo que, JAJAJAJAJAJAJAJAJA a todos los maestros que me calificaron con suspensos en la escuela secundaria. JAJAJAJAJAJAJA a mis padres que decían que yo era algo retrasada. JAJAJAJAJA a todas las personas que me torturaron en el patio de recreo.

(Perdón si esto parece demasiado narcisista, pero todavía acarreo un poco de ese fluido particular).

QUINTA PARTE

SUGERENCIAS ALTERNATIVAS PARA CONSEGUIR PAZ MENTAL

EL MANUAL

Trato de practicar algún tipo de Mindfulness durante alrededor de 20 minutos cuando me levanto por la mañana, o durante cinco a diez minutos cuando me doy cuenta de que me inclino hacia pensamientos destructivos, y un montón de estallidos de cinco segundos, simplemente cuando deseo retroceder y ver qué está pasando. Lo utilizo ahora, en el pasado me habría drogado con una pastilla de Xanax.[58] Es un proceso en marcha, no una cura milagrosa, pero a esta altura me llamaría a mí misma una «obsesiva recuperada». Todavía me despierto con el impulso de saltar de la cama con mi enloquecida lista de cosas que hacer; por ejemplo, la compulsión de devolver una vela que compré hace seis años. Hoy en día las instrucciones son menos candentes y no siempre obedezco las órdenes. Sigo pensando en la vela, pero no necesariamente voy a la caza de mis recibos, para probar que la compré. No tenemos a un portero forzudo a las puertas de nuestra mente para discriminar qué debe entrar en nuestra conciencia y qué no, de manera que ciertos días tengo el cerebro como una discoteca abarrotada y simplemente tengo que aguantarlo, dejando que «siga la fiesta», mientras por dentro trato de sentir mi respiración. Si puedo percibir, aunque sea una única inhalación y exhalación, habrá sido una gran hazaña.

Si no tuviera el Mindfulness, nunca pararía de enviar emails hasta que la muerte nos separase. A mí el Mindfulness me funciona, puede que a otros no. Aunque no me gusta el yoga, hay amigos míos que no pueden dejar de

---

58. Medicamento que contiene una benzodiazepina, denominada Alprazolam. *(N. de la T.)*.

practicarlo (especialmente el método Bikram, en el que haces hervir tus huesos para doblarlos). Me pegaría un tiro antes de hacer *jogging* (me hice polvo desde las rodillas hasta los tobillos tratando de practicarlo); otros no pueden vivir sin eso. Mucha gente tiene su «cosa» particular que los ayuda a enfrentarse a la batalla que se desarrolla en sus cerebros, de modo que, ¿quién soy yo para decir lo que les funcionaría a ellos?

Todos necesitamos un ancla en la que apoyarnos

Si el Mindfulness no es para ti, voy a sugerirte algunas prácticas alternativas para ayudarte a lidiar con todo: desde las pequeñas dificultades de la vida, pasando por el vendaval de fuerza 10, hasta el colapso que destruye el cerebro.

Lo importante es que encuentres algo para anclarte, cuando los vientos de los imprevistos se complican. Hay mucha gente que conozco que no tiene un antídoto para las turbulencias del clima de la vida y sufre por eso. Me preguntan: «¿Debo dejar a mi marido? ¿Cambiar de trabajo? ¿Dejar de comer queso? ¿Ser alcohólico?». ¿Por qué si seguimos respirando y comiendo hay tanta infelicidad? La insatisfacción es parte del asunto de vivir porque la simple existencia está llena de contradicciones; queremos individualidad, sobresalir de la masa, pero a la vez queremos ser parte de una tribu. Tenemos motivaciones, estamos ocupados, pero queremos tener paz. Y lo peor de todo, queremos que las cosas sigan como están, pese al hecho de que todo cambia (ése es el último fastidio). ¿Por qué, ay, por qué no podemos mantenernos jóvenes y estar enamorados para siempre? No se puede. La impermanencia es la ley del universo: no hay nada que hacer. Incluso si te pones a bramar toda la noche, antes de que acabes de leer esta frase, billones de tus células habrán muerto y renacido. Debido a que tenemos conciencia, sufrimos por el hecho de que sufrimos, y esa segunda flecha de sufrimiento está construida por nuestros cerebros. Pero si nuestro cerebro puede crear ese dolor, también puede crear felicidad.

La habilidad que se requiere para domesticar tu mente es la de ser capaz de inhibir tu atención hacia ciertas cosas y centrarte deliberadamente en otras. Eso es autorregulación, convertirte en el capitán del barco, dirigiendo tu atención hacia donde quieras que esté. Un experto en autorregulación sería capaz de mantener la calma incluso frente a mi madre durante uno de sus episodios.

Cuando encuentres tu práctica particular, habrás descubierto no sólo *el manual* sino también el billete para tu versión de la felicidad.

Por qué es importante aprender a prestar atención

La atención es como un foco de luz y lo que ilumina fluye hacia tu mente, de modo que desarrollar el control sobre eso es la manera más potente de configurar tu cerebro.

Puedo oírte decir: «¿Y qué pasa con la atención? Cuando cruzo la calle pongo atención». No, para la mayoría de nosotros aunque estemos allí físicamente, nuestra atención puede estar en Sri Lanka. Hay una gran diferencia entre experimentar algo y ser consciente. La palabra «experiencia» procede del latín *experiri,* que significa «intentar». Mientras que la palabra «conciencia» es ver. (Lo busqué, no sabía automáticamente estas cosas). La experiencia simplemente se presenta aunque tu mente esté en otra parte, y la conciencia es cuando te das cuenta de que estás ahí.

Nosotros no prestamos atención naturalmente, tenemos que aprender a hacerlo (véase error en el desarrollo evolutivo). La tragedia de la mayoría de nuestras vidas es que vamos dormidos al volante y nadie nos dice cómo despertar. A los niños les dicen en la escuela: «Presta atención». ¿Cómo podrían saber hacerlo? Nadie se lo enseña.

Los científicos cuentan ahora con la tecnología necesaria para rastrear lo que enfocan los ojos de la gente o cuando exploran un espacio. Lo que busca o a quién busca un individuo se basa en los genes, la química, la cultura, las relaciones y la experiencia. Aquello en lo que se fijan tus ojos es donde está tu mente en cada momento. Algunas personas entran en una habitación y se acercan a una figura paternal (bonito pero no es sexy) o en un papaíto (lo mismo pero con zapatos caros).

Nos convertimos en el personaje que somos en cada momento particular, dependiendo de en qué nos enfocamos. En el campo de golf, lanzas el bastón y eres una mujer deportista. En la cama con tu camisón, puedes ser una gatita sensual. Con tus críos puedes ser Mamá ganso. (Dios te ayude si alguna vez confundes los papeles). Esas identidades son todas transitorias; vienen y van en función de las ropas metafóricas que vistes en cada ocasión.

Tú estás donde tu atención está en cada momento. Un escáner IRMf (que rastrea el cerebro en tiempo real) puede captar las diferentes pautas neuronales que se crean cuando enfocas diferentes objetos y sus modelos determinan cómo y qué piensas.

Vivimos en una sociedad que anima a la multitarea; todas las interrupciones de teléfonos, textos, emails y otros «rectángulos luminosos» son bienvenidas y las que más calidez nos proporcionan y más requeridos nos hacen sentir. «Estoy ocupada, luego existo» (un leve giro de la frase de Descartes). Las investigaciones sobre el cerebro demuestran que ser capaces de «compaginarlo todo», en lugar de ser un gran logro de la humanidad, realmente puede revolverte el cerebro. (¡Sí! Obviamente). La parte del cerebro que necesitas para estudiar y memorizar, el hipocampo, solamente se activa si no se interrumpe el foco de atención. Las interrupciones de atención deterioran el aprendizaje, de modo que si estás tratando de aprender chino mandarín mientras estás corriendo en una cinta, olvídalo; no se va a fijar el conocimiento. Necesitas atención concentrada para incrementar las conexiones neuronales en el hipocampo, así es cómo se aprende. Enfocar la atención genera materia gris en el cerebro, que aumenta la capacidad de recordar, de atender, inhibir y ejecutar acciones, no importa la edad que tengas.

Otra de las razones por las que la atención es la ruta hacia la libertad es que te permite ver las cosas como si fuera por primera vez: una novedad es uno de los ingredientes de la felicidad. Si realmente saboreas, hueles o tocas algo como si fuera por primera vez, estás viva, excitada y redescubres esa sensación de asombro que tenías en la infancia, cuando todo te producía un zumbido. Si ves el mundo a través de la curiosidad, en lugar de verlo con la lente del «visto y hecho», percibirás cosas que nunca habías notado incluso aunque hayas conducido por esa misma ruta miles de veces. Cuando experimentas una novedad, tiene lugar la neurogénesis (se conectan más neuronas y se hacen más densos los grupos de información). Yo lo que sé es que si fuera fácil prestar atención, todos nosotros seríamos capaces de quitarnos de encima nuestro ensueño a voluntad. Todos seríamos capaces de detenernos a prestar atención deliberadamente a una situación para evaluarla; pero ¿quién tiene tiempo para hacer algo así?

La razón por la que no visitemos el presente demasiado a menudo es porque la evolución dicta que si pasaras demasiado tiempo en el momento, nuestra supervivencia estaría en peligro. «Qué ocurriría si te has detenido y tomado tu tiempo para evaluar una situación» y por detrás de ti aparece un depredador? Estarías algo así como completamente acabado. Este constante acarrear el pasado para asegurarnos de que tenemos futuro es lo que nos mantiene vivos. La conciencia del presente sólo puede ser fugaz, quizás ésa sea la belleza de su condición. Eventualmente, tu mente siempre te llevará hacia donde necesitas estar; explorando el horizonte con una aparente desconexión, con un irrelevante flujo de conciencia. Ésa es nuestra tragedia. Puedes estar mirando la ceremonia de apertura de los Juegos Olímpicos, con la boca abierta, y aun así tu mente te retrotraerá a «¿Por qué mi madre no me permitió tener un auténtico árbol de navidad? ¡Mi sostén tiene esas copas de espuma, dónde las he dejado? Nunca le perdonaré a Dagmar Stuart el haberme robado el vestido de cóctel de mi muñeca Barbie. Tengo que comprar champú, odio mis pies, es demasiado tarde para dedicarme a la espeleología?».

Esta cacofonía de banalidades sin sentido es nuestro destino, nuestra maldición. Pero tú puedes romper el circuito; cuando comienzas a entrenar tu atención; desactivando las viejas pautas y configurando nuevas, tú fomentas la *neuroplasticidad.* Sea lo que sea lo que practiques, tienes que entrenarte con regularidad; sólo con la repetición puedes desactivar los antiguos hábitos y configurar los nuevos.

Terapia Cognitiva Conductual
(TCC)

La terapia cognitiva conductual fue concebida originalmente por el doctor Aaron T. Beck, que a mediados de 1950 comenzó a darle a sus pacientes los medios para que observaran sus pensamientos y creencias y la manera en que éstos influían en sus estados de ánimo y en sus conductas. La TCC te entrena para que percibas cuándo tu pensamiento está distorsionado, para que eventualmente puedas retroceder y cuestionar su validez.

Digamos que has conocido a un tío en una cita a ciegas y él no aparece. Puedes pensar que eso significa que averiguó quién eres tú y te consideró tan horrible que te rechazó. La terapia cognitiva te ayudaría a repensar tu reacción y a introducir la posibilidad de que hayas reaccionado exageradamente y que quizás él tenía una dirección equivocada o, simplemente, se quedó dormido. Con la TCC aprendes a examinar la utilidad y el significado de las diversas formas de pensamiento que te mantienen encerrada en conductas, estados de ánimo y relaciones disfuncionales. Puede detener tus gritos, cuando por fin te encuentras con el tío que no había aparecido en la cita: «Sé que te desagrado, pero yo también te encuentro repulsivo». Pero perderías tu dignidad y él no tendría la más mínima idea de qué estás hablando.

La TCC puede ser empleada en casos de baja autoconfianza, culpa, estrés, depresión, apatía, ruptura de relaciones, tensión, fobias y la incapacidad de seguir adelante, por haber perdido la carrera del huevo y la cuchara[59] a los ocho años. De hecho, sirve en cualquier momento en el cual quedas estancada en una forma habitual de pensamientos, sentimientos o conductas. La teoría es que tus pensamientos, estados de ánimo, comportamientos y reacciones físicas están todos interconectados y se afectan los unos a los otros, como cuando se produce el llamado efecto dominó; tu manera de pensar afecta a tu estado de ánimo, que afecta a tu forma de comportarte, y viceversa. Si modificas tu manera de pensar, afecta a cómo te sientes físicamente, lo que modifica tu forma de comportarte, lo que cambia tu estado de ánimo.

La TCC también demuestra el hecho de que la negatividad está casi siempre relacionada con la distorsión de los pensamientos; es lo que te hace sentir despreciable, tonta, impotente, etc. Una mente deprimida descarta todo aquello que contradice el asalto de la negatividad. Recibir pocas llamadas telefónicas o descubrir que no te han invitado a una fiesta puede disparar sentimientos de rechazo que quizá te lleven a esconderte en la cama durante una semana. Seguirás sintiéndote perdida, salvo que hagas algo al respecto, como por ejemplo, cambiar tu manera de pensar. Todos nosotros tenemos nuestro propio «paquete casero» de pensamiento

---

59. Juego también llamado *Rodado del huevo de Pascuas* que se celebra en varios países. En Estados Unidos es anual, y se juega en los jardines de la Casa Blanca cada lunes de Pascua para niños y sus padres. Se trata de que los niños empujen el huevo por el césped con una cuchara de madera de mango largo. *(N. de la T.)*.

distorsionado, listo para sacarlo a relucir siempre que nos sentimos amenazados o estresados.

Ejemplos de pensamientos distorsionados

1. **Pensamiento del todo o nada:** cuando evalúas una situación, la ves blanca o negra; no hay matices de gris.

2. **Exceso de generalización:** con esto llegas aleatoriamente a la conclusión de que si a ti te pasa algo, seguirá pasándote una y otra vez. Te darás cuenta de que sufres este síndrome porque tus frases comenzarán con: «Esto pasa siempre...», «Esto es típico...», «Siempre que hago esto, sucede...», «Esto sólo me pasa a mí...». ¿Te suena familiar? Bienvenida al exceso de generalización (mi mundo).

3. **Filtro mental:** tú lo ves todo en el mundo no como el vaso medio vacío, sino como un vaso completamente roto en un millón de trozos tirados en el suelo y, probablemente, piensas que te harás un corte en la pierna con uno de los fragmentos.

4. **Descalificación de lo positivo:** un truco de magia en el que ante tus propios ojos, puedes trasformar una experiencia positiva ¡y, abracadabra! en una negativa. Es cuando cualquier elogio es visto como una ficción inventada con propósitos ulteriores. Cuando llegué a Oxford, di por supuesto que solamente iban tras mi dinero del pago de la matrícula (puede que realmente sea cierto). Cuando ingresé en una institución mental por mi depresión, di por supuesto que los miembros del equipo eran amables conmigo, por el alto precio que estaba pagando y que, en realidad, me odiaban.

5. **Saltar a conclusiones:** también llamado «leer la mente». Si miro al público y advierto que hay personas con la cabeza baja o cuyos ojos no me están mirando, sé de inmediato que he fracasado y que probablemente fracasaré durante el resto de mi vida.

6. **Magnificación y minimización:** éste es otro de mis favoritos. Ocurre cuando inflas las cosas o las reduces, dependiendo de lo que sea más doloroso. De modo que conviertes tus dramas en más horribles y difícilmente mencionas el premio que has ganado.

7. **Razonamiento emocional:** éste es el que surge cuando piensas que tus emociones te están diciendo la verdad. De modo que, como con frecuencia dices que eres estúpida, necesariamente debes de tener algún defecto en tu cerebro. Mi madre solía decirme que pensaba que había algo defectuoso en mi cerebro, porque ella imaginaba que se había contaminado con alguna sustancia química que habían lanzado justo antes de que huyera de Austria. (Yo no sé a qué sustancia se refería, pero ella mantuvo su creencia).

8. **Declaraciones tales como tendría / debería / sería necesario:** éstos son muy populares para todos. La voz interior piensa que es útil añadir, «Debería tener… (rellena con cualquier cosa)» para complementar tu ración de autoodio.

9. **Calificar y descalificar:** éste también puede ser llamado «exagerada generalización», cuando te pegas una etiqueta a ti misma y luego te la crees. Si ganas una medalla de plata en los 400 metros, en los Juegos Olímpicos y luego te llamas a ti mismo perdedora, puede que te descalifiquen.

10. **Personalización:** imaginas que todo es por tu culpa aunque no tengas nada que ver con algo. Se produce un terremoto, no tiene nada que ver con tu mal estado de ánimo. Mi teléfono suele estar constantemente averiado, yo creo que, cuando siento mucha ira y tengo elevados niveles hormonales, el crujir de mis vibraciones es lo que lo estropea.

Practicando TCC: hacer los deberes

Tu terapeuta de TCC te dará deberes para hacer en casa cada semana y te animará a que registres tus reacciones y anotes respuestas alternativas a las situaciones concretas que te irritan. El registro de nuestros pensamientos, estados de ánimo y sensaciones físicas te dan distancia, lo que te permitirá ser objetiva cuando estés examinando su validez. Hay una miríada de ejercicios diferentes de TCC. Aquí hay sólo un ejemplo.

La situación
   ¿Quién?
   ¿Qué?
   ¿Cuándo?
   ¿Dónde?

Los estados de ánimo
   Depresivo
   Triste
   Avergonzado
   Culpable
   Alarmado
   En pánico
   Feliz
   Herido
   Asustado
   Nervioso
   Humillado

Estoy segura de que tienes tu propia sintonía musical.

La clasificación anímica

Después de identificar cada estado anímico que experimentes, clasificas su grado de intensidad y, al hacerlo, comienzas a percibir cómo ese estado fluctúa.

Del 0 al 100
0: Ningún sentimiento
100: lo máximo que alguna vez hayas sentido

Los pensamientos automáticos

¿Qué es lo que pasa por tu mente justo antes de que comiences a sentirte de esa manera? ¿Algún otro pensamiento? ¿Imágenes? Utilizando este ejercicio, puedes comenzar a observar los diversos temas y ésos son tus pensamientos automáticos. Por ejemplo:

Todos me odian
No me merezco eso
Soy un fracaso
Voy a quedar atrapada
Soy un perdedor
Estuve aprovechándome de...
La gente me miente

Las sensaciones físicas

Náuseas
Retortijones
Mariposas
Gases (no son apropiados para las reuniones)
Palpitaciones cardíacas
Temblores
Debilidad
Mareos
Entumecimiento
Hormigueo
Vómitos (tampoco son apropiados en las reuniones)

Los pensamientos alternativos / equilibrados

¿Hay alguna forma alternativa de pensar en esta situación?

Si estás con una amiga que te pide consejo porque eso le está pasando a ella, ¿cómo la ayudarías a tratar la cuestión?

Los planes de actuación

Esto es para ayudarte a resolver los problemas que has identificado. Escribe cuantas más sugerencias útiles puedas pensar, para avanzar en la eventualidad de que pases por otra situación similar. Escribe como si estuvieras aconsejando a una amiga.

Haz una clasificación anímica ahora

Después de rellenar la hoja de cálculo de TCC, vuelve a clasificar los estados anímicos de la lista en la columna correspondiente, al igual que cualquier nuevo estado anímico, en una escala del 0 al 100 basándote en su intensidad.

Ejemplo de hoja de cálculo de TCC
Rellénala tú misma

SITUACIÓN	ESTADOS ANÍMICOS	CLASIFICACIÓN DE ESTADOS ANÍMICOS 0-100%	PENSAMIENTOS AUTOMÁTICOS
¿Quién? ¿Qué? ¿Cuándo? ¿Dónde?	Ejemplos: Triste Herida Ansiosa		Ejemplos: Soy un fracaso No le gusto a nadie Yo debería…

Ejemplo de hoja de cálculo de TCC
Rellénala tú misma

SENSACIONES FÍSICAS	PENSAMIENTOS EQUILIBRADOS ALTERNATIVOS	PLANES DE ACTUACIÓN	CLASIFICACIÓN ANÍMICA AHORA 0-100%
Ejemplos: Náuseas Palpitaciones cardíacas	Ejemplos: No te preocupes por pequeñeces Lo has hecho lo mejor que has podido	Ejemplos: La próxima vez pide ayuda profesional Tómate unas vacaciones	

Mi personal hoja de cálculo de TCC

La situación

Hace poco me encontré a mí misma conduciendo a toda velocidad para llegar a tiempo a una entrevista, que era para algo tan superficial que ni siquiera deseo mencionarlo. La cita para esa cuestión superficial era a las 11 de la mañana. Yo había acordado con un fontanero que acudiría entre las 9:30 y las 10:30 de la mañana, para que me arreglara la caldera. Habría tenido que salir como máximo a las 10:15 para llegar a mi entrevista. El fontanero llegó a las 10:10 (lo que es de por sí un milagro), pero entonces yo llegaría tarde. El hombre pasó un tiempo prolongado mirando mi caldera y después hizo lo que mejor hacen los fontaneros, me contó un cuento de hadas interminable sobre cómo el cilindro ya estaba obsoleto en la época oscurantista y que era necesario remplazarlo. A las 10:40 decidí que debía darme una ducha (basada en la locura). Con las prisas, olvidé abrir la puerta de la ducha antes de entrar, me golpeé contra ella y sufrí una hemorragia nasal. Al vestirme rápidamente, desgarré mi ropa interior, tratando de meter las dos piernas en la abertura del mismo lado. A las 10:50 subí al coche y conduje por una calle de un solo sentido, mientras les mostraba el dedo en alto a los coches que me pasaban.

Sólo un apunte: Pienso que he heredado esa adicción a retrasarme, con lo que me doy una ráfaga de adrenalina, de mi madre, que solía estar buscando bolas de pelusas debajo del sofá, mientras mi padre hacía sonar el claxon para llevarla al aeropuerto. Una vez llegó al Reino Unido sin equipaje, solamente con el vestido pero ¡qué demonios! Había conseguido coger la bola de pelusa antes de irse; en el mundo del trastorno obsesivo compulsivo, eso es todo lo que importa.

Los estados de ánimo y su grado de intensidad

Autoodiarse 85 %
Sentir pánico 95 %
Estar furiosa 92 %
Sentirse frustrada 75 %
Estar nerviosa 99 %

Los pensamientos automáticos

Principales voces demoníacas: «Yo soy una inútil, una negada, un asco, una porquería, un trapo… llevo las uñas, mis asquerosas uñas, pintadas».

(Esto es para lo que era la entrevista). «Estoy tan avergonzada, la mayoría del resto del mundo está muriéndose y yo llevo las uñas pintadas. Y lo peor es que atropellé a la gente y la maté para hacerlo».

Las sensaciones físicas

- El sudor está cayéndome por la cara y el cuello.
- Tengo la respiración pesada y rápida, y después me quedo completamente sin respiración.
- El corazón me late como un solo de tambor en un concierto de música de heavy metal.
- La presión que siento en la frente es como si me la apretaran con unas tenazas.

Los pensamientos alternativos / equilibrados

1. Gritar no hará que te vayas más rápido.

2. Quítate el reloj y escóndelo. Mirar continuamente el reloj no hará que vayas más rápido.

3. Ante un semáforo en rojo piensa que es mucho mejor seguir viva que tener las uñas pintadas de azul. Puedes tener las uñas de color azul y estar muerta.

4. Trata de tener cierta conciencia de tu cuerpo y envía relajación a las áreas que percibas que puede estar un poco tensas.

> Descruza tus dedos
> Estira el cuello
> Endereza los hombros
> Afloja la mandíbula
> Sonríe

5. No te enfades contigo por ese incidente de alta tensión. Simplemente di: «La próxima vez lo planificaré mejor» y date un pequeño abrazo. (Aquí he utilizado algo de ironía si es que recuerdas mi opinión sobre abrazarse: no es gran cosa).

Los planes de actuación

La próxima vez que tengas una cita, queda con el fontanero en otro momento, otro día u otro año, pero no unos minutos antes de que tengas que acudir a ella. Consíguete una bonita agenda con lirios pintados y apunta tus compromisos. Cuando hayas cumplido con todos ellos, concédete una estrella dorada y ponla junto a la fecha.

Pon una X con cinta adhesiva en la puerta de la ducha para que no vuelvas a golpearte.

Quizá debas pensar sobre lo innecesario que es –dentro del esquema general de las cosas– pintarte las uñas de azul.

El grado de intensidad de los estados anímicos ahora

25 % (¡«Toy harta»!)

No, repito: no te castigues por llegar tarde ni te digas: «Ya lo he estropeado otra vez», «es culpa de mis padres». Probablemente has sido alguien que ha llegado tarde durante mucho tiempo. Si tratas de descubrir por qué, echa al cubo de la basura la alfombra de bienvenida a la rumiación.

Mi historia

OTRO EJEMPLO DE MI ANSIEDAD DESENCADENADA

Tenía invitados a cenar y faltaba una hora para que llegasen. Me pongo a repasar frenéticamente mi colección de libros de cocina, cubiertos de manchas, que nunca utilizo. Las palabras no me dicen nada y las fotos son demasiado intimidatorias, porque me recuerdan mi falta de habilidad para hacer cualquier tarea doméstica. Si realmente sintonizara con lo que estoy pensando, eso sería un desprecio total por la gente a la que he invitado. En el instante en que dijeron: «Sí» a mi invitación, me he resentido con ellos por hacerme pasar por esto. Ya sé que los he invitado yo, pero ahora los odio y me odio a mí misma por haberlo hecho.

Una hora y media antes de que llegaran, decidí llamar a una persona que pueda cocinar para ayudarme. (Una vez incluso llamé a Nigella que pensó que estaba bromeando y me colgó el teléfono). Me pongo a llamar a la gente de «mis contactos» al azar, ofreciéndoles una suma de dinero si vienen y cocinan una cena para los doce amigos con los que nunca volveré a hablar. Cuando eso fracasa, voy en mi coche, completamente inmersa en el modo cacería y conduzco calle arriba y calle abajo, mirando frenéticamente a las ventanas, como si alguien fuera a acercarse a mí con una bandeja llena de platos ya preparados.

Diez minutos antes de la hora prevista para que lleguen los invitados, voy corriendo arriba y abajo de los pasillos de un supermercado, sin saber qué puede ir con qué, y lanzándome luego hacia un carnicero, para rogarle que me diga cómo y con qué se rellena una chuleta de cordero, porque las que van a venir son personas finas. No puedes echarles simplemente una chuleta de cordero en el plato, tiene que ser algo relleno; eso hace que los odie más todavía. Cuando el carnicero me explica, yo no tengo la menor idea de lo que me está diciendo, pero lo apunto con mano temblorosa. Todavía estoy tratando de llamar a Nigella con mi móvil, pero ella no contesta.

Conduzco hacia casa tratando de evitar el asesinato de familias enteras. Entro en la cocina, enciendo el horno, y me doy cuenta de que no se calienta inmediatamente, de modo que hago lo de siempre –le grito al horno para que se dé prisa– y entonces suena el timbre. Chillo a través del interfono: «Entrad, sólo un minuto», luego subo corriendo por las escaleras, tropezando varias veces mientras voy quitándome la ropa y me doy esa ducha fundamental que siempre me doy cuando realmente tengo prisa. Me escurro, estrellándome contra la misma puerta, borro un poco de sombra cerca de mi ojo, tomo algo de ropa, me caigo por las escaleras y abro la puerta, tratando de parecer despreocupada, mientras advierto que me he puesto algo arrugado, que acabo de sacar de la cesta de la ropa lavada.

Entonces me doy cuenta, totalmente horrorizada, de que olvidé comprar algunos aperitivos para que ellos vayan picando (Dios, odio esa palabra). Me doy un salto hasta la cocina, abriendo los armarios con tanta fuerza, que una de las puertas se cae; encuentro un poco de jamón rancio y mantequilla de cacahuete y (por suerte) mondadientes. Empiezo a partir el jamón en cuadritos, clavo los mondadientes y unto un poco de mantequilla de cacahuete por encima. Abro mi nevera y, para mi deleite, encuentro una oliva y la añado a los *hors d'oeuvres* de jamón y mantequilla.

El resto de la velada es una aberración porque yo trasiego vino hacia mi boca tan rápido que pronuncio un monólogo, sin darme cuenta de que nadie se ríe y ni siquiera me escucha. Al cabo de una o dos horas, sigo contando historias sin ninguna gracia reiteradamente. Haber hecho una hoja de cálculo de TCC me hubiera sido muy útil.

MI BODA

No podía encontrar el anillo que me compró Ed, y era la mañana de mi boda. Nos íbamos a casar en una oficina del Registro Civil, porque yo había estado casada dos veces antes: una con un gay, para conseguir un trabajo que me permitiese trabajar en el Reino Unido, y la siguiente con otro gay, para ayudarlo a trabajar en América. No hace falta decir que la magia de un casamiento blanco me había absorbido.

Casi sin darme cuenta, invité a todo el mundo el día anterior en que tenía que ir al Registro Civil (tarde); mientras íbamos andando hacia allí le susurré a Ed lo vieja que realmente era y que me había casado ya dos veces: tenía que saberlo, antes del evento podría intentar darle carpetazo al asunto. Debido a mi retraso, no pude encontrar el anillo de boda, de modo que, simplemente, cogí el recibo y me lo puse alrededor del dedo, para que todos viesen y admirasen su auténtico precio. Fue una parodia.

No todos llegan tarde

Hay personas en el mundo, son rumores que he oído, puede que sean ciertos, que realmente aparecen en los eventos y en las citas temprano, pero con los que yo no puedo relacionarme, de modo que no quiero escribir sobre ellas. Quizá llegar temprano puede ser otra forma de pensamiento distorsionado. La acción está impulsada por otra clase de voz insistente: «No puedo llegar tarde. Si llego tarde nadie va a respetarme, quererme, amarme». Cualquiera que sea la manera en que llegues, tarde o temprano, definitivamente perturba tu bienestar.

Mi problema con la TCC

La TCC le es útil a mucha gente, no quiero ponerle una zancadilla, pero pienso que puedo lanzar mi opinión. Si estás continuamente desenterrando pensamientos y sentimientos, incluso aunque te mantengas a distancia y los estés percibiendo, ellos pueden salpicarte con rumiaciones autocríticas, repetitivas, negativas, que son los precursores de la depresión.

Sus palabras te dejan atrapada en tu cabeza, de modo que recordar y documentar perpetúa las voces. Ponerlo todo en palabras significa que la mente ha de viajar al pasado, fortaleciendo de paso el pensamiento del pasado y el futuro, dejándote afuera de la experiencia presente.

La evidencia de cómo el Mindfulness produce mejores resultados que la TCC

John Teasdale, que contribuyó a desarrollar la TCBM, realizó una prueba de eficacia del Mindfulness, comparándolo con la TCC, con un grupo de pacientes clínicamente depresivos en remisión. Descubrió que la tasa de recaída en un nuevo episodio depresivo difería de manera crucial entre quienes recibían uno u otro tratamiento. El 62 % de los pacientes tratados con la TCC tradicional recayeron, frente al 36 % de los tratados con TCBM. Los investigadores midieron la metacognición y aquellos que obtuvieron el nivel adecuado fueron los menos proclives a sufrir una recaída.

EJERCICIO: AUTORREGULACIÓN CON EL JUEGO DE LAS SEÑALES DE TRÁFICO

La inteligencia emocional

La autorregulación ha empezado a enseñarse a los niños de las escuelas primarias, junto con el programa académico. (Ya era hora). Piensa en las ventajas que tendrán esos niños comparados con nosotros. Ellos aprenden antes de enviar culpas (o de comenzar a intimidar, o a pensar que el mundo es injusto) cómo funcionan sus emociones, lo que por alguna extraña razón, hasta donde yo sé, nunca se ha enseñado o difícilmente ha sido mencionado.

Las señales de tráfico

Cuando un niño siente que está abandonando su zona neutral (la calma) y se está dirigiendo hacia el estrés, el miedo, la ansiedad, la tristeza o el pánico, levanta una TARJETA ROJA.

A todo el resto de la gente no le está permitido entrar dentro del radio de dos metros de distancia de él, simplemente se les dice que lo dejen en paz.

Cuando el chico siente que sus niveles de estrés están descendiendo, levanta una TARJETA AMARILLA.

Y cuando nota que sus niveles de estrés han vuelto al nivel básico de calma, levanta una TARJETA VERDE.

En ese momento, la maestra lo ayuda a procesar lo que le ha ocurrido. Aprende a entender lo que ha llevado al aula, en lugar de proyectarlo hacia afuera, hacia otras personas, pensando que son ellas quienes han provocado sus sentimientos. Puede que reaccione contra los demás, pero no son ellos quienes han provocado sus emociones; sólo él puede crearlas y sólo él puede reducirlas. Así habrá aprendido a regular sus sentimientos.

Imagina lo útil que eso puede ser en una oficina, cuando una reunión se pone emocionalmente al rojo vivo. Cuando la gente abandona su línea básica de calma y la temperatura sube demasiado, el resto de la reunión es una pérdida de tiempo y de energía. Cuando la gente PIERDE LOS NERVIOS entra en el modo pelea; el razonamiento original se va por la ventana y el momento es simplemente guerra biológica. (De tu biología). La gente involucrada, literalmente, se SALE DE SUS CASILLAS; su memoria desciende, porque el cortisol está asesinando neuronas en el hipocampo, la sangre abandona el cerebro, la respiración se vuelve superficial, dejando de oxigenar el cerebro, y ahora está pensando en una lucha, no en una solución.

Qué bueno sería que como adultos pudiéramos reconocer cuándo nos estamos encaminando hacia una fusión nuclear y levantáramos una TARJETA ROJA o, sencillamente, una BANDERA BLANCA de rendición, que dijera: «La reunión se acabó, ahora mismo estoy loco, volveré cuando esté normal». Imagina cuántas guerras podríamos evitar si supiéramos y fuéramos conscientes de que estamos trasportando dinamita (nuestras propias emociones) y supiéramos cómo retroceder. Si pudiéramos reconocer que podemos ser armas de destrucción masiva, todos nosotros nos sentiríamos bien en el mundo.

Quizás esto pudiera hacerse extensivo a los líderes mundiales, y cuando se sulfurasen, supieran levantar la TARJETA ROJA y que todo el mundo se alejara a dos metros de distancia de ellos hasta que se les pasara el ataque y la sesión y, cuando se sintieran cuerdos nuevamente, levantaran la TARJETA VER-DE. Ése sería un mundo sin guerras.

Si tuviésemos un MANUAL, en lo cual he insistido durante un rato, te instruiría acerca de que si tienes que ir a una entrevista, audición, reunión, cara a cara con tus amigos o familia en un estado de alta tensión, retrocedieras y volvieras más tarde; de lo contrario solamente puede acabar en lágrimas.

EJERCICIO: REDECORANDO TU INTERIOR

Si te sientes abrumada por el estrés, la preocupación, la ira, el miedo, apunta por lo menos tres situaciones o momentos que consideres positivos, aunque sean breves.

Las emociones son tan pasajeras como el dolor; anota cuando tengas un momento en el que percibes un sentimiento que puede ser, me atrevo a decir, positivo. Anota la situación cuando sientas ese sentimiento positivo, junto con la fecha y la hora.

Ejemplo:

15 de setiembre, 16:04: Alguien me sonrió en el autobús. Recibí una punzada de alivio y una vibración de felicidad en el corazón. (No escribas: «Probablemente pensaban que yo era otra persona»).

11 de noviembre, 14:37: Mi gato se sentó en mi regazo y yo tuve una sensación aterciopelada en el pecho.

24 de diciembre, 8:00: Vi un adorno navideño y sentí felicidad. (Nadie va a ver tu diario así que no te sientas avergonzada de lo sensiblera que puedas parecer).

Todo esto es para construir un espacio en el que almacenar los buenos recuerdos y sentimientos, que tú puedas convocar a voluntad. Cuando te des cuenta de esas alivios temporales, tu cerebro estará desconectándose de los modelos negativos que tiene incrustados y cada una de esas veces serás consciente de la sensación positiva que emite el cerebro con las nuevas pautas. (Construyendo más músculos positivos).

EJERCICIO: AUTORREGULACIÓN USANDO EL OLFATO

Tengo una amiga que me dijo que hay una vela con un perfume que se llama «Invierno», que le recuerda la Navidad cuando ella era pequeña: en parte calidez, pan de jengibre, galletas, en parte abetos. Me dijo que siempre que la huele siente como si tuviera diez años y que un sentimiento de dulzura se extiende por su cuerpo; siente que sus hombros se relajan y sus ojos se suavizan. Antes de una reunión o una cita inquietantes, ella saca la vela y la huele cuando nadie la está mirando y retornan esos sentimientos tranquilizadores. Acude a la reunión en ese estado relajado y abierto, capaz de atajar los golpes; su mente está en calma, de modo que puede pensar con claridad, de manera creativa y rápida. Si de repente siente una punzada de ansiedad, se excusa, va al aseo y se sienta allí a oler la vela, y así vuelve al estado neutral. Ésta es una autorregulación óptima; saber cómo manejar tu estado interior y hacer algo en relación a ello.

EJERCICIO: AUTORREGULACIÓN
USANDO LA VISTA

Tengo una amiga que se llama Joanna que lleva una foto suya en la que se la ve suspendida en el aire, en una tirolina. Siempre que la saca para mirarla, vuelve a estar allí, volando entre los árboles. Cuando sabe que tiene que enfrentarse a cierto evento exigente, echa una mirada a la foto. Una vez la vi en un escenario, dando un discurso. Puedo decir en qué momento su confianza comenzó a descender porque miraba al atril donde yo sabía que estaba la foto. Cada vez que ella la miraba, todo su cuerpo se destensaba, su voz subía de tono, sus ojos se relajaban y recuperaba el sentido del humor. (Ésa es la primera cosa en la que debes sumergirte cuando pierdas los nervios). Me dijo que tan pronto como sentía una pequeña punzada de miedo, simplemente sabiendo que la foto estaba cerca, volvía a tener esa sensación de libertad, de estar volando entre los árboles.

Ésta puede ser una herramienta útil en los negocios, para hacer presentaciones. Yo he visto a importantes jefes de organizaciones, recorriendo de arriba abajo esos gráficos de éxitos, que no significaban nada para nadie. Puede que tengan el cerebro suficiente como para ser directores generales, pero no tienen ni idea de que dejan en coma a la audiencia; hablan monótonamente sobre valores y ganancias o a quién le importa qué: nadie los escucha. Si tuvieran una manera de leer en los demás, puede que advirtieran que la gente está durmiéndose y harían algo acerca del asunto: cambiar el rumbo, soltar un chiste o volverse humanos durante un minuto, y decir que se dan cuenta de que la gente no está respondiendo realmente y pedir que les sugieran algo que hacer al respecto. Algunas de las alternativas opuestas al estado inducido del coma mencionado pueden servir para recuperar el interés de la audiencia. La gente necesita saber que sabes que está ahí.

Alternativas

También puedes preparar tus emociones positivas con:

Sonido: Escucha una pieza musical antes de un evento estresante (cualquiera que consiga aliviarte la tensión). Yo tengo una grabación de sonidos de la jungla, papagayos chillando y lluvia goteando; tan pronto como los escucho, estoy de vacaciones y mi cuerpo se tranquiliza. No me preocupa quién me esté gritando en ese momento.

Tacto: Toma un trozo de lana de cachemira que te guste tocar (o cuero para aquellos de vosotros a los que les guste) para volver a la normalidad (sea lo que sea lo que esto signifique para ti).

Gusto: ¿Te sientes tensa? Pon un dulce en tu boca. (Escoge algo pequeño o estarás masticando eternamente frente a alguien, lo que empeorará el estrés).

En el cerebro

Utilizar alguno de estos estimulantes de los sentidos puede incrementar las sensaciones de bienestar, lo que tiene repercusiones físicas: te sientes bien, de modo que aumenta la dopamina y genera una sensación motivante. (Justo lo suficiente para que te sientas positiva y dispuesta a hacer las cosas, si estás demasiado estimulada estarás haciendo muchas cosas a la vez sin que puedas acabar ninguna de ellas).

Cuando utilizas deliberadamente una imagen que te tranquiliza, de inmediato estás disminuyendo la actividad de la amígdala y redirigiéndola hacia tu corteza prefrontal, lo que promueve un pensamiento más elevado y una mejora en la toma de decisiones. Cuando estás en un estado positivo, estás incrementando el crecimiento neuronal; mejorando el aprendizaje y creando más espacio de trabajo en la memoria.

Además, cuando pones el foco en algo que te genera una reacción positiva –la cara de tu hijo o tu gato ovillado en el bol de la ensalada (el mío hace eso, es adorable)–, el escaneado del cerebro muestra que las áreas responsables de crearte calma se vuelven más activas. Tanto si ves algo realmente, como si te lo imaginas, se ilumina la misma área del cerebro. Si tocas algo cálido, se ilumina la misma zona de tu cerebro que cuando sientes calidez emocional. Con algo tan simple como utilizar imágenes de cosas que te hacen sentir bien, estás activando el área de «sentirse bien». Eso es realmente USAR TU CEREBRO.

EJERCICIO: ABRIENDO TU LENTE
A LA NOVEDAD

Utiliza un diario y apunta algo que estés viendo por primera vez. Comienza con tres registros al día. Por ejemplo:

Mi hija tiene un toque amarillo en sus ojos verdes.
Ese árbol tiene brotes.
Puedo oír el tictac de un reloj en la otra habitación.
El ladrido de mi perro es diferente al de mi vecino.
Esa brizna de hierba es más verde que la otra.

Recordatorio: la novedad hace que se desarrollen neuronas.

EJERCICIO: TU GRATITUD

Suelo burlarme de una amiga mía que se llama Kathy, que me dijo que ella cada día apunta unas cuantas cosas por las que se siente agradecida. Nunca pude imaginarme a mí misma haciendo eso, porque lo encuentro un poquito cursi, pero ella parece estar mucho más tranquila y contenta esos días, de manera que, ¿quién soy para decir algo? Ella me dijo que no importa lo oscuras que se pongan las cosas, que ella siempre encontraría ese espacio de luz. Por ejemplo:

Tengo dos piernas.
Puedo saborear un helado.
Estoy viva.

EJERCICIO: ETIQUETAR

Mi amiga Tanya me dijo que tan pronto como reconoce una de esas voces críticas que le echan la bronca, le pone una etiqueta. Eso le permite distanciarse del ataque.

En una ocasión me dijo que había sido convocada para hacer una entrevista de trabajo cuatro veces, y después de la cuarta fue rechazada. En lugar de pensar: «Bien, esta vez estuve bastante cerca, conseguiré un trabajo dentro de poco tiempo» (todavía no he conocido a nadie que pensara así), su respuesta habitual de puñalada en la espalda fue: «Nunca conseguiré un trabajo». Me dijo que apenas oye su tema familiar, le pone la etiqueta de «preocupante».

Cuando comienza a reprenderse a sí misma por fallar, la etiqueta dice «reprendiendo».

Si siente pánico pensando que nunca conseguirá un trabajo, le pone la etiqueta «Sintiendo pánico».

Cuando comienza a imaginar escenarios como que ella es una mendiga, carente de complementos de Prada, etiqueta la situación como, «fantaseando» o «catastrófico». Yo también la llamaría «Pradiseando».

El etiquetado quita la identificación personal con las emociones al rojo vivo y cambia la relación con los pensamientos. Si los pensamientos y las emociones son etiquetados ya no forman parte de algo sólido de ti misma, sino que son asuntos transitorios que vienen y van al azar.

«Ay, esa ansiedad» (ahí fuera), en lugar de «estoy ansiosa» (en mi interior).

EJERCICIO: NOMBRAR AL DEMONIO

Siempre que solía sospechar el rechazo, inmediatamente me deslizaba hacia atrás, hacia el sentimiento que tenía cuando era una niña: sola, ignorada y algo anormal. El incidente podía ser tan minúsculo como no haber sido invitada a una fiesta de cumpleaños. Inmediatamente yo saltaba a la conclusión de que habían descubierto que yo era el fenómeno, que guardaba en mi registro de mi infancia.

Mitzi

Siempre que tengo esa sensación, le pongo un nombre: Mitzi. Solía pensar: «Bien, ahora estoy en el modo Mitzi». En mi mente tenía un retrato muy definido de ella: el pelo ralo, la cara sucia, el cuerpo escuálido y cubierto de harapos. (No muy distinto de un personaje de *Oliver*, [60] pero con acento americano). Siempre que sentía ese agujero negro de desesperación y rechazo, traía a la memoria la imagen de Mitzi que, a su vez, me llenaba de compasión por ella (yo misma). Me di cuenta de que era una manera excéntrica de tratar con la depresión. (Debería haber escrito eso en un libro y publicarlo, pero resulta que es lo que estoy haciendo).

---

60. Referencia a la novela clásica *Oliver Twist* del autor inglés Charles Dickens. *(N. de la T.)*.

EJERCICIO: ENFRENTÁNDOME A MIS OTROS DEMONIOS

Aparte de Mitzi, también les puse nombres a mis otros demonios.

Stella

Cuando recibo un toque de envidia, me imagino a Stella. Es rubia, viste una túnica flotante de color blanco y tiene los dientes puntiagudos y ensangrentados. Stella me arranca directamente del dolor, y puedo verla objetivamente. Ella llora muchísimo, de modo que la siento en mi regazo y la consuelo, hasta que se le pasa la angustia.

Fred

Si noto el tufillo de la ira, siento como si me trasformara de mujer a hombre lobo. Yo tengo el gatillo fácil cuando se trata de rabia. En el pasado, incluso buscaba situaciones en las que pudiera provocar a la gente, y así podía descargar mi enfado de reptil sobre ella. Solía perseguir a personas inocentes (nunca a los amigos). Me he topado con un conductor de autobús desesperante y con un librero que dijo que mi libro estaba obsoleto; los hice pedazos hasta que de ellos sólo quedó una pila de huesos. La furia era adictiva y tenía un sabor delicioso, mientras la estaba vomitando, el problema era que horas más tarde, sufría algo así como una severa resaca por todo el veneno que había estado tragando.

Todo vuelve a ti. Ésa es la lección que he aprendido. Tengo que empezar a ponerle un bozal a la bestia y al plantearme esa imagen, precisamente la estoy viendo ladrar y gruñir y escupir hasta que está tan exhausta que se escabulle quejándose.

Fred

Si la dejara pasar, simplemente estaría demasiado cansada para seguir. A esta imagen nunca le puse un nombre, pero hubiera sido incluso más útil si le hubiera puesto un nombre inofensivo como «Fred», hubiera sido mucho menos aterradora.

EJERCICIO: ROMPEDORES DE HÁBITOS

Cada leve cambio de hábitos que haces abre una pequeña rendija en la pared que has construido en torno a ti; sigue haciendo cambios y serás capaz de liberarte de la prisión que has creado. LOS PEQUEÑOS PASOS PROVOCAN LOS GRANDES CAMBIOS.

La silla en la que acostumbras a sentarte: cámbiala.

La ruta que sigues para conducir / caminar / tomar un tren para ir al trabajo: cámbialos.

El tipo de personas con las que te gusta estar: cámbialas.

Duerme en el otro lado de la cama.

Cambia a otra pasta de dientes / perfume / barra de labios / sopa.

(Quizá debas pensarlo dos veces antes de cambiar a tu marido / esposa).

EJERCICIO: FINGIRLO PARA HACERLO

He oído decir que tus expresiones faciales pueden cambiar la forma en que te sientes. En un experimento, los investigadores les pidieron a los estudiantes que sostuvieran un lápiz entre sus dientes para darles la apariencia física de estar sonriendo. Después les pidieron que evaluaran sus sentimientos, mientras miraban fotos neutras. Los que tenían los lápices dijeron que las fotos los habían hecho sentir bien, mientras que los no sonrientes (sin lápices) dijeron no haber sentido nada o haberse sentido tristes. La idea es que el experimento no sólo provocó sentimientos positivos en las personas del lápiz, también generó sentimientos positivos en otras personas (fundamentalmente porque se rieron de la gente con los lápices en la boca).

No te rías, sonríe y pon un lápiz en tu boca.

EJERCICIO: DISTRACCIÓN TOTAL

Si en las emociones y los pensamientos sube mucho la temperatura, sé bondadosa contigo misma y simplemente cambia tu atención para aliviar el calor. (Intenta no escoger algo que te haga daño, como por ejemplo drogas, mucha comida o comprar demasiado).

Comienza contando del 1 al 100 hacia atrás
Mira la televisión / una película
Escucha música a alto volumen
Lee algo superficial o este libro
Corre / anda / baila / nada...

EJERCICIO: ESCUCHAR
Y HABLAR ATENTAMENTE: INFORME

Para hacer entre dos personas

Paso 1

Hablad el uno con el otro durante 1 minuto.

Luego poneos de espaldas y que cada persona describa el color de ojos que tiene la otra, cómo es su pelo (color) y qué ropa lleva puesta. Esto nos ayuda a darnos cuenta de lo poco que percibimos de aquello que está justo frente a nosotros.

Paso 2

Volved a intentarlo: haced turnos en los que cada uno de vosotros le hable durante un minuto al otro.

Si eres el que escucha:

PERCIBE lo que está diciendo su lenguaje corporal

Su tono de voz

Qué palabras ha escogido él / ella

Cuál es el significado que se oculta en sus palabras

Si eres el que habla:

PERCIBE cómo reacciona la otra persona a lo que estás diciendo

Qué emociones estás leyendo

Cuándo parece que la otra persona quiere decir algo

Paso 3

Ahora comentad ambos lo que estáis pensando y sintiendo; es decir, ¿algunas voces interiores?

Ésta es la mejor manera de relacionarse inmediatamente con alguien.

COMPASIÓN Y GENTILEZA

El ser humano se percibe a sí mismo, sus pensamientos y sentimientos, como algo independiente de los demás [...] Esa falsa ilusión es una especie de cárcel para nosotros [...] Nuestra tarea debe ser liberarnos a nosotros mismos ampliando nuestro círculo de compasión para abrazar a todas las criaturas vivientes y a la totalidad de la naturaleza en su hermosura.

ALBERT EINSTEIN

La esencia de la neuroplasticidad es que lo que practicas es lo que cultivas. Si eres cruel y rencoroso, te convertirás en un experto en recibir incluso mayor crueldad y mayor rencor. Si practicas ser compasivo, te volverás más compasivo. Así es como funcionan nuestros cerebros; la manera en que pensamos o sentimos determina nuestras conexiones y las sustancias químicas que recorren nuestras venas. Si estás pensando o sintiendo agitación o enfado, estarás bombeando adrenalina y cortisol. Si estás sintiendo amor y compasión estarás recibiendo un poco de esa vieja y buena oxitocina que te nutre. Una vez más nos limitamos al creer que hemos nacido de determinada manera y que siempre seremos así.

Para cambiar el cerebro, todos necesitamos hacer un esfuerzo. Para algunos de nosotros sentir positivamente es un verdadero desafío. Yo sé cómo lastimar, pero ser agradable no forma parte de mi repertorio. Si tener un sentimiento de afecto y compasión te resulta algo extraño, tienes que familiarizarte con cómo se perciben en tu cuerpo y tu mente. Con el paso del tiempo y con la práctica puedes pasar de tener un indicio a un sentimiento completo. La cuestión es experimentar sentimientos, incluso los positivos, como transitorios; todos ellos pasan, de modo que tu objetivo no es mantenerte en un sentimiento de beatífica dicha, sino de ecuanimidad, se trata de «dejarse llevar por la corriente».

No quiero robar ideas de Alcohólicos Anónimos, pero cuando ellos dicen: «Acepta las cosas que no puedes cambiar y cambia las que puedes», yo no sabría decirlo mejor.

Lo opuesto a la autocrítica es la autocompasión y eso puede cultivarse. Si traes a tu mente algo que te gusta –por ejemplo, un conejito o tu bebé (nadie lo descubrirá), nota cuánta amabilidad y ternura siente tu cuerpo. El sentimiento de afecto es un antídoto para cuando te sientes triste o deprimida. Si estás en ese estado «afectuoso», fíjate cómo tus palabras y actos afectan a lo que estás haciendo o a quien le estás hablando. Esos sentimientos se expanden y, cuando tú te sientes bien, los demás lo captan y lo reenvían de nuevo directamente hacia ti.

No es tan difícil enviar afecto a las cosas y a la gente que quieres. El curso avanzado es cuando tú deliberadamente lo envías a alguien que te ha alterado o que no te gusta. Si puedes hacerlo, el resultado es siempre positivo y, si no puedes, simplemente, perdónate porque liberarte de la responsabilidad también es una muestra de gentileza.

Una historia…

Una noche, un anciano nativo americano le relató a su nieto un cuento sobre una batalla que trascurre en el interior de la gente. Dijo: «Hijo mío, la batalla es entre dos lobos que todos tenemos en nuestro interior. Uno es la ira, la envidia, los celos, la pena, el arrepentimiento, la codicia, la arrogancia, la autocompasión, la culpa, el resentimiento, la inferioridad, las mentiras, el falso orgullo y la superioridad. El otro es la alegría, la paz, el amor, la esperanza, la serenidad, la humildad, la amabilidad, la benevolencia, la empatía, la generosidad, la verdad y la compasión». El nieto pensó en ello durante un minuto y luego le preguntó a su abuelo: «¿Quién de los dos es el vencedor?». El anciano respondió simplemente: «Aquel al que alimentas».

EJERCICIO: DEPORTE Y EJERCICIO

Todos sabemos que el ejercicio mejora la salud, favorece la longevidad, el buen estado físico y mental y, en general, hace que te sientas mejor contigo mismo. Una subida de tus propias endorfinas es casi mejor que cualquier droga que puedas comprar por encima o por debajo del mostrador. Mi único problema con la expresión general «haz ejercicio» es que la mayoría de nosotros lo hacemos sin pensar, simplemente sacudimos nuestros cuerpos de aquí para allá, nos agachamos, empujamos, pateamos o crujimos con la esperanza de tener los pectorales más firmes. Ves a la gente en el gimnasio, corriendo durante horas en el mismo sitio, leyendo un libro, mirando las noticias, con sus mentes a millones de kilómetros de distancia de lo que están haciendo sus piernas. Eso puede ser llamado ejercicio sin sentido, que al final perjudica más que beneficia. He visto a personas hacer 1.000 flexiones en menos de dos minutos, sabiendo que muy pronto tendrían hernias en cada uno de las vértebras discales. Cuando llegué a Inglaterra en los setenta, nadie se lavaba los dientes siquiera, ahora tienen que ir al gimnasio cada día, antes y después del trabajo. Hombres, y no solamente gays, de repente necesitan tener tabletas de chocolate en sus abdominales. ¿Para qué? ¿Para el caso de que súbitamente se los escoja para hacer *topless* en un anuncio de bálsamo para después del afeitado? De pronto hay por todas partes esos anfiteatros con cientos de vagabundos, hombres y mujeres, intentando que MTV los descubra; criaturas sólidas como rocas, sus mallas tan cortas que sólo llegan hasta algún sitio a la altura de sus hígados. En las máquinas de correr ves a gente mayor, encorvada, casi muerta, pero sus piernas, delgadas como palillos, se mueven sólo porque la cinta caminadora sigue encendida; si se detienen, sus cuerpos serán aspirados del cinturón para abajo, y desaparecerán para siempre, dejando tras de sí sólo un par de dentaduras postizas.

Mucha gente usa el ejercicio para intentar, literalmente, alejarse corriendo de sus emociones y pensamientos incómodos. Se despiertan a las 5 de la mañana y hacen lo que sea necesario para desvincularse de sus voces. Las voces eventualmente vencerán porque cuando ya no puedes correr, saltar a la pértiga o incluso andar (y no es que te quiera deprimir pero eso ocurrirá), tu mente aún estará en el estado en que la dejaste. Lo esencial es que *tú tienes que ejercitar tu cerebro tanto como ejercitas tu cuerpo.*

Baila, salta, monta, vuela, practica la patada voladora todo lo que quieras, cuando eres joven y estás lleno de vitalidad, pero hasta cierto punto; el ejercicio sin sentido no es bueno para ti y puedes desgarrarte algo y hacerte mucho daño.

La idea es ser capaz de ejercitar la parte de tu cuerpo que quieras ejercitar, mientras todo el resto permanece relajado: así es como te tonificas sin tensionarte. Una vez más se trata de utilizar la atención deliberadamente. Un músculo adecuado es el que es fuerte pero distendido, no rígido y contraído; y eso solamente lo puedes conseguir si le prestas atención a la zona sobre la que estás trabajando.

Actualmente, a los atletas profesionales se los entrena para que permanezcan tranquilos, con los ojos cerrados e imaginando los movimientos que sus músculos necesitarán hacer cuando realmente estén compitiendo. Aparte del entrenamiento físico real, se imaginan sujetando virtualmente la raqueta de tenis, levantando su brazo, el otro brazo lanzando la pelota, parándola, etc., y cuando imaginan esos movimientos, se establecen las conexiones neuronales en el área equivalente de la corteza motora. Cuando llega el momento del juego real, han preparado los músculos correctos para ser capaces de moverse más velozmente y jugar mejor en la competición real. Es el entrenamiento mental de la atención, no el puro entrenamiento físico lo que incrementa la memoria y el aprendizaje de habilidades.

El mejor ejercicio se hace cuando estás percibiendo lo que estás moviendo, flexionando, elevando, empujando y bombeando.

Algunos ejemplos de prácticas conscientes son:
Pilates
Yoga
Tai Chi
Qigong
Artes marciales

Todos ellos pueden ser realizados sin pensar, pero parte del entrenamiento es asegurar que cada movimiento es percibido desde el interior. La respiración se utiliza para conectar el cuerpo y la mente, y cada movimiento se observa cuidadosamente momento a momento. Las prácticas mencionadas más arriba son, en mi opinión, el Mindfulness en movimiento: agudizar la atención y la concentración, y llevarte a un estado de calma y paz. Por otro lado, cuando yo hago zumba (pienso que soy fantástica en esto hasta que me veo en el espejo), simplemente me dejo «llevar por la corriente», sin pensar realmente en mi respiración o qué está haciendo mi cuerpo. (Todo es elegir siendo consciente de cuándo quieres utilizar el piloto automático y cuándo no).

La curiosidad

Eso es lo que nos hace superiores. Por desgracia, mucha gente no la utiliza. La tienen pero se ha vuelto obsoleta. Nacimos con esa característica, y es la razón de que, cuando somos niños, nuestro apetito de información es insaciable, ni siquiera nos importa cuál es la historia, sólo queremos ser estimulados. Así es como nuestros cerebros maduran y como, cuantas más neuronas se conectan, nos convertimos en más inteligentes. Entonces llega la escuela. Para lo que sirve es, o esa es la esperanza que tenemos, para encender la incipiente curiosidad de muchas más formas; historia, matemáticas, religión, literatura, etc. Hace millones de años, no tenían escuela pero era cuestión de vida o muerte para los niños aprender a hacer un fuego, pegarle con piedras a los animales sin ninguna razón y lavarse las manos antes de ir al lavabo.

Ahora, yo siento que lo que mata la chispa de la curiosidad es el hecho de que todo depende de las notas. Nada despertará más rápido el interés. Soy consciente de que una nota alta te lleva a una universidad mejor, donde irás a las mejores fiestas, pero si te quedas enganchado en esa cacería del asunto de las notas, (y aun peor) si tus padres te presionan demasiado duramente, puedes descubrir que has adquirido el hábito de perseguir a un conejo por el resto de tu vida, pensando que vas a obtener algún tipo de recompensa, que siempre está fuera de tu alcance. Y, cuando conquistes algo, puede que no sea por la satisfacción personal de cumplir un objetivo, sino en lugar de ello, por vencer en la competición.

De manera que cuando la curiosidad sale por la ventana, entra el espíritu competitivo por la puerta. Una vez más, tú lo necesitas y no es un aspecto negativo, pero cuando acabas estudiando Derecho y tu pasión es la cerámica, estás frente a un estado triste de las cosas. Es cierto, no necesitamos tantos cacharros de cerámica y son difíciles de vender, pero por lo menos puedes experimentar satisfacción en tu vida, incluso aunque probablemente necesites de la asistencia social. Si haces las cosas simplemente por ganar más dinero, fama, estatus, poder o un sobresaliente, la miseria y la locura se cruzarán en tu camino.

Mi última palabra sobre esto es que sólo si descubres algo que te guste hacer y lo haces la vida vale la pena. Le digo eso a mis hijas, añadiendo que deben casarse con alguien rico que sea capaz de afrontar el coste de la persecución de sus sueños. Para mí, lo más importante y beneficioso de todos los ejercicios es el fortalecimiento de la curiosidad, porque es el pegamento que vincula a la raza humana. Si eres curioso sobre otras personas, y lo demuestras, es la máxima manera que tienes de halagarlas; te lo darán todo: las llaves de su coche, sus negocios, probablemente incluso se casarán contigo. Tengo una amiga que decidió en un instante si quería ir a una cita con alguien, midiendo cuánto tiempo le llevaba a él decir «tú» en lugar de «yo». La mayoría de la gente no hace preguntas y algunas de las más brillantes que conozco (con cocientes intelectuales fuera de serie) no sienten curiosidad y, por lo tanto, son idiotas.

Si practicáramos cómo atender a otra persona y no sólo lo hacemos para ganar debates o mostrarle al otro cuánta información podemos acumular en nuestras cabezas, evolucionaríamos hacia un mundo verdaderamente civilizado. En los negocios, si aprendieras a escuchar y a sentir curiosidad por otra persona y prestaras atención a cómo se siente, las negociaciones serían mucho más rápidas. Se desperdician cantidades ingentes de dinero, tiempo y energía cuando las personas le hablan a otras en lugar de hablar con otras. Tiene que haber un entrenamiento simplemente para aprender cómo ser curiosos, en lugar de esos interminables programas de masters en administración de empresas. La gente es lo que vende, ninguna otra cosa. Tú aprecias y confías en la gente, harás negocios con ella y si eres genuinamente curioso no serán capaces de resistirse a ti. Si aprendes a hablar y a escuchar atentamente, abandonando tus habituales pautas de conducta, reducirás los conflictos interpersonales, los estereotipos y los malos entendidos interculturales.

RESUMEN

El principal mensaje de EL MANUAL es que el cambio es lo único de lo que podemos estar seguros y que nuestras vidas son inciertas. Aferrarse a algo sólo aumenta el sufrimiento.

Todo cambia constantemente, desde la volatilidad de las partículas cuánticas hasta cada una de las células de nuestro sistema nervioso. Incluso nuestra conciencia, probablemente situada en la corteza prefrontal, se actualiza entre cinco y ocho veces por segundo. Los pensamientos vienen y se van como cada bocanada de aire que inhalamos; vienen, se dispersan y desaparecen.

La vida es mucho más que satisfacer tus deseos. (*Véase* los zapatos de Jimmy Choo). Y debemos adquirir conciencia, de vez en cuando, de que nuestras mentes nos mantienen como rehenes en alguna parte del pasado o del futuro, y cuando se acuerdan, se concentran en lo que realmente hay ahí afuera (sonido, gusto, tacto, vista, olfato o la respiración). Lo único que nos impide estar en el presente son nuestros pensamientos y los pensamientos no son hechos.

Para sobrevivir, tu cerebro te engaña haciéndote creer que hay patrones fijos en este caótico mundo y que, realmente, podemos crear planes permanentes.

Nuestros cerebros están persiguiendo siempre un momento que simplemente pasa, tratando de controlarlo. Es como hacer una foto de una catarata y creer que se detuvo en el tiempo. Todo pasa incluso antes de que lo registres. Es ahora… y ahora se fue, de tal modo que, en cierto sentido, todo es recuerdo.

Cuando eres un niño, las neuronas están encendiéndose a cada segundo, todo es novedoso y excitante, has dicho cosas como «quiero ser bombero o astronauta», con la más absoluta despreocupación de las cualificaciones necesarias. (Yo quería ser una sirena). Todo es posible: puedes mirar a un copo de nieve durante horas y construir barrios enteros con grupos de nubes. «Esa nube es mi casa y esta otra es mi dormitorio y puedo saltar desde mi nube a la tuya para ir a visitarte y tomar el té». Todo por entonces era fresco, vivido plenamente a todo color y sentías una alocada excitación. Fuiste creciendo y algún imbécil te dijo que no puedes ser una sirena, por la razón que sea, o que no puedes volar como Superman. A medida que te haces mayor, tu mundo se va haciendo más y más pequeño porque crees que no tienes opciones hasta que te mueres en una rutina.

Y a nadie parece importarle que terminemos creciendo en una parte tan pequeña de nuestro potencial, simplemente pensamos: «Ah, bien, así es como he acabado». Decimos de la gente mayor, «Ah, pero si sólo es la abuela» o «Bu Pu», o «Cri Cri» o como sea que los llamemos ahora (cuando eres viejo te tratan como a una mascota). «Ah, si es sólo Granny. Ella hace lo mismo cada día –toma el té a las 16:00, después pasea a su perro a las 17:00, hace la siesta a las 18:00 y después adiós y a la cama».

Así es como nuestros cerebros se atrofian porque empezamos a decir las mismas cosas una y otra vez, sin que nadie te diga: «Cállate, eso ya lo has dicho antes». Cuando eres viejo no quieres cambiar de sillas, ni de país, aprender a bailar tango, saltar en paracaídas (eres vieja: ¿qué es lo peor que puede pasarte?) Olvídate del Sudoku y del rompecabezas de las palabras cruzadas, estás utilizando las mismas zonas una y otra vez cuando haces eso, y ya somos realmente demasiado fuertes cognitivamente. Improvisa tu vida, cultiva algunas neuronas nuevas. Así es como todo se vuelve fresco de nuevo e, incluso, puedes acabar siendo una sirena.

Y si permites que tus pensamientos te manejen y crees que tu realidad es la misma que la de cualquier otro, te volverás dura, crítica, intolerante y, al final, te ahogarás en la amargura. El prisma a través del cual te ves a ti mismo y al mundo se hará cada vez más y más estrecho, hasta que será opaco y tú serás opaca y también lo será tu mundo. Pero tienes que darte cuenta de que estamos fluyendo constantemente y que todo cambia constantemente, incluso tú. Siempre estás en estado de «trasformación». No tiene sentido que te aferres a algo: la gente, el dinero, la ropa, la materia. No tiene sentido. No hay seguridad en ninguna parte porque todo es una incógnita.

Y no importa cuánto tienes que dejar que se vaya. Si terminas teniendo el don de percibir las cosas como si fuera por primera vez, si notas su novedad, eso superará lo mucho que hayas acumulado o el trabajo que hayas acabado de hacer. La idea es ser capaces de dejar ir tanto como para que, al final, puedas decirle a tu cuerpo gracias por el paseo y que aún estés sonriendo (con un lápiz en la boca).

Es nuestra capacidad para regular nuestra atención, reducir nuestro carácter reactivo y cultivar emociones positivas lo que marca el camino hacia la salud y la felicidad. Si podemos observar serenamente nuestros propios hábitos de pensar con claridad, lo veremos en los demás y tendremos mayor empatía. Aumentar la limitada perspectiva que tenemos de ver el mundo que nos rodea y a nosotros mismos puede ser la próxima fase de la evolución humana; expandir la amplitud de nuestra conciencia y ampliar nuestra gama de elecciones. Eso llevará a alternativas apropiadas y seremos capaces de seleccionar cada elección antes de actuar sobre ella. La gente que comprende los procesos biológicos y hace elecciones reflexivas cambia desde su perspectiva egocéntrica del mundo a un todo mucho más interconectado.

Pueden convertirse en personas sabias, hacer elecciones y actuar de manera que les sirvan para obtener beneficios a largo plazo en el futuro. La aplicación del Mindfulness va a tener un impacto en las desigualdades sociales, el cambio climático, el poder y la enfermedad. Tengo la esperanza de que, al menos, nos estemos encaminando hacia un mundo que no sea la supervivencia de los adaptados, sino la supervivencia de los más sabios.

AGRADECIMIENTOS

Agradezco y beso el suelo ante mi amiga y brillante editora Joanna Bowen. Sin ella, este libro habría sido un incomprensible revoltijo de pensamientos aleatorios e insondables y de palabras extrañamente deletreadas. Ella puso orden en el caos.

A mi profesor de terapia cognitiva basada en Mindfulness, de la Universidad de Oxford, Mark Williams, por ser de tanta inspiración y por trasmitir su sabiduría junto con Melanie Fennell y John Peacock.

Al doctor Mark Collins, que me salvó cuando estaba profundamente inmersa en la oscuridad y a Ros, que siempre sostiene mi mano cuando estoy ahí abajo.

A Rowena Webb, mi editora en Hodder and Stoughton, junto con Maddy Price.

Gracias a Serge Seidlitz por sus magníficas ilustraciones.

A Michael Foster por poner todo esto en marcha, a mi agente Robert Caskie junto a Caroline Michel.

A Andrew Dellis por su ayuda con la neurociencia.

A Simon Whitesman por su ayuda con el Mindfulness.

A mi familia, Ed, Maddy, Max y Marina por su constante suministro de humor y su interminable suministro de amor.

A mis amigos, que estuvieron a mi lado.

A mis padres por hacerme.

A mis parientes en América (los Hambourger), que rescataron a mis padres de Austria justo a tiempo, sin lo cual yo no hubiera sido posible.

Gracias a los autores

Jon Kabat-Zinn, Mark Williams, John Teasdale, Zindel Segal, Antonio Damasio, Robert M. Sapolsky, David Eagleman, Daniel Goleman, Thomas Metzinger, Eric R. Kandel, Richard J. Davidson, Rebecca Crane, Rick Hanson, V. S. Ramachandran, Norman Doidge, Louis Cazolino, Rita Carter, Mihaly Csikszentmihalyi, Steven Pinker, Richard Dawkins, Lewis Wolpert, David Brooks, Jared Diamond, Daniel Kahneman, Paul Gilbert, Sharon Begley, Steven Johnson, Sur Gerhardt, Peter Fonagy, David Rock, Robert Dunbar, Aaron T. Beck, John Bowlby, y muchos cientos de otros cuyos cerebros he extraído.

Agradecimiento a los textos

Autobiography in Five Short Chapters (Autobiografía en cinco capítulos), de Portia Nelson. Tomado de *There is a Hole in my Sidewalk: The Romance of Self Discovery*, (Hay un agujero en mi acera: El romance del autodescubrimiento), Souvenir Press Ltd (2004).

The Guest House (La casa de huéspedes) de Jalal al-Din Rumi, traducido por Coleman Barks con John Moyne. Tomado de *The Essencial Rumi* (El Rumi esencial), HarperOne (2004).

ÍNDICE

MADISON COUNTY LIBRARY SYSTEM
CANTON PUBLIC LIBRARY